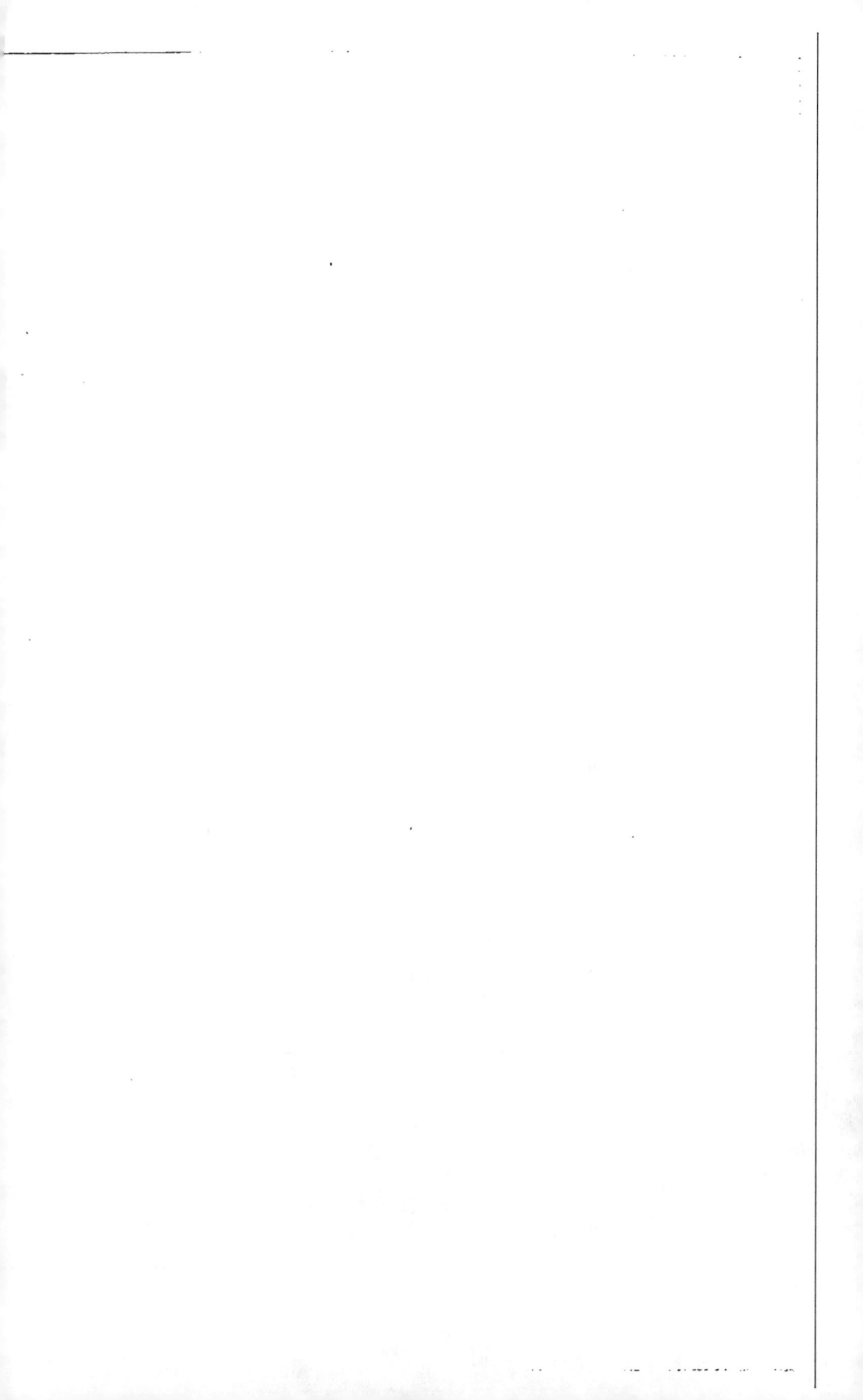

FACULTÉ DE DROIT DE PARIS.

THÈSE

POUR LE DOCTORAT

PAR

ÉMILE ROUX.

BEAUVAIS,

IMPRIMERIE EUGÈNE LAFFINEUR, PLACE SAINT-MICHEL.

1872.

FACULTÉ DE DROIT DE PARIS.

DES SOCIÉTÉS

EN DROIT ROMAIN,

DES SOCIÉTÉS COOPÉRATIVES

EN DROIT FRANÇAIS.

THÈSE POUR LE DOCTORAT

PAR

ÉMILE ROUX,

Licencié ès-lettres, Avocat à la Cour de Paris,
né à Jougne (Doubs).

L'acte public sur les matières ci-après sera présenté et soutenu
le Mercredi 31 Juillet 1872, à midi.

MEIS.

I.

DROIT ROMAIN.

DROIT ROMAIN.

DU CONTRAT DE SOCIÉTÉ.

(Liv. XVII, t. 2, Digeste.)

CHAPITRE I.

De la nature du contrat de société.

SECTION I. — *Eléments constitutifs : consentement, apport, bénéfice.*

L'article 1832 de notre Code définit la société : un contrat par lequel deux ou plusieurs personnes conviennent de mettre quelque chose en commun, dans la vue de partager le bénéfice qui en pourra résulter. Cette définition convient également à la société en droit romain, et nous n'avons qu'à l'analyser pour connaître exactement la nature du contrat que nous voulons étudier.

La société est un contrat. Mais de quelle espèce ? Les *Institutes* nous l'apprennent : « Consensu fiunt obligationes in « societate. » C'est un contrat consensuel. Par conséquent, pour exister, la société n'est soumise à aucune formalité; point n'est besoin de tradition des apports, d'insertion dans les actes publics, de formules consacrées. Dès que les parties sont tombées d'accord, le contrat est formé, les obligations naissent : obligation de verser la mise, obligation de donner ses soins à la chose commune, etc. La société est du droit des gens ; les Romains, imbus du préjugé qui considérait toute occupation mercantile comme indigne d'un citoyen, durent naturellement avoir recours à des étrangers pour réaliser, par le commerce, des bénéfices qu'ils daignaient partager une fois acquis.

Cicéron nous dit : « Illiberales et sordidi quœstus merce-« nariorum, omniumque quorum operæ, non quorum « artes emuntur... Mercatura, si tenuis est, sordida putanda « est, sin magna et copiosa, non est admodum vituperanda « (Cic. De Off., L. I, ch. 42). » Pour qu'il y ait société, il faut donc d'abord l'intention, *affectio societatis*, comme dit Ulpien (L. 31, D. XVII, 2) ; il ne suffit point qu'une chose soit commune, et bien que les jurisconsultes romains emploient indifféremment le mot *societas* pour exprimer le contrat de société et l'état d'indivision (L. 14 § 3, D. 10, 3 ; L. 3, C. 3, 37), il faut avoir soin de ne point confondre ces deux faits juridiques qui sont de nature différente, et ont des règles et des conséquences diverses.

Sans parler de leur origine, qui peut être un contrat dans les deux cas, mais qui, le plus souvent, n'est qu'un quasi-contrat pour l'indivision, nous voyons dans les textes que, dans le contrat de société, la considération de la personne associée a une importance capitale. C'est ainsi que la société se dissout par la mort d'un des associés, excepté dans la société *vectigalium*, que l'associé ne peut céder sa place, tandis que la mort d'un communiste laisse subsister la communauté dans laquelle il est remplacé par ses héritiers, et que la cession de part d'une chose indivise emporte transfert de tous les avantages et de toutes les charges de la propriété sur un tiers quelconque. Dans l'esprit des jurisconsultes, l'associé n'est point seulement un coopérateur, c'est presque un ami. « Societatis jus quodammodo fraternitatis in se habet « (Ulp. 63, pr. D., h. t.).» Ecoutons encore Quintilien : « C'est une chose sainte et une certaine fraternité que la conjonction des biens ; le hasard peut faire des participants du même sort ; mais quand deux hommes ont mis en commun toute leur fortune, ont mêlé toutes leurs chances, ils forment une certaine unité. Qu'y a-t-il de plus juste que de soumettre ce patrimoine à une règle unique ? » D'où il résulte que l'associé infidèle est considéré comme ayant manqué aux devoirs les plus sacrés, et que l'action *pro socio* a pour effet de noter d'infamie celui qui a succombé. En revanche, cette confraternité, qui peut aggraver la condamnation, peut apporter cet adoucissement que les commentateurs ont appelé *bénéfice de compétence*. Nous reviendrons sur ce point en étudiant l'action *pro socio*. Pour le moment, qu'il nous suffise de bien constater que ce qui fait le caractère définitif de la société, c'est l'intention bien clairement exprimée, le consentement qui doit naturellement avoir les qualités requises pour former un lien de droit, c'est-à-dire être exempt de dol, de violence et d'erreur, et émaner d'une personne capable. Modestin nous dit qu'il peut être donné tacitement : « Societatem coire et re, « et verbis et per nuntium posse, nos, dubium non est. » *Et re* signifie par la force des choses, par les choses mises en commun.

Le second point important de notre définition est la nécessité d'un apport commun ou du moins de la promesse d'un apport ; mais il n'est pas nécessaire que les apports soient de la même espèce. La Loi 1 au Code, *pro socio* (IV, 35), nous

dit en effet : « Societatem, uno pecuniam conferente, alio ope-
« ram, posse contrahi magis obtinuit. » Et Papinien (L. 52
§ 7, D., h. t.) nous donne pour exemple à l'appui le cas d'un
capitaliste et d'un architecte qui se sont associés pour bâtir.
Il n'est pas douteux qu'il y ait là contrat de société donnant
naissance à l'action *pro socio*.

D'où il résulte que si l'un des contractants n'apporte rien,
et que, néanmoins, on lui donne droit aux bénéfices, le contrat ne vaut pas comme société. C'est pourquoi Ulpien nous
dit : « Donationis causâ societas rectè non contrahitur (L. 5
§ 2, h. t.). » Cela tient à ce qu'une convention, qui ne vaut
pas comme contrat consensuel, est un simple pacte, et
qu'au temps de la jurisprucence classique, le pacte de donation ne donne pas d'action. Sous Justinien, qui déclare la
libéralité parfaite par simple pacte, la société *donationis
causâ* ne vaut pas plus qu'auparavant comme contrat de
société, c'est-à-dire comme obligation donnant naissance à
l'action *pro socio*; mais rien ne s'oppose à ce qu'elle produise
les effets ordinaires du pacte de donation, c'est-à-dire la
condictio ex lege.

La troisième condition requise pour qu'il y ait contrat de
société est l'intention de réaliser des bénéfices et de les partager. Il suffit qu'il y ait pour chaque associé espérance de
gagner, lors même que l'événement ne justifierait pas cette
prévision. La nature d'un contrat se détermine en effet, dès
le début, par son objet et ses clauses, et non pas après coup
par les résultats auxquels il aboutit. C'est ce que prouve le
texte d'Ulpien qui forme la Loi 44 de notre titre. Je vous ai
donné mission de vendre une perle, en vous disant : « Si vous
la vendez dix sous d'or, vous me les donnerez ; si vous la
vendez plus cher, l'excédant vous restera. » Dans l'opinion

du jurisconsulte, si notre intention a été de contracter une société, il y aura lieu à l'action de la société. Si non, ce sera un contrat innommé donnant lieu à l'action *præscriptis verbis*.

La Loi 13, pr. XIX, 5, du même Ulpien, loin de contredire le texte précédent, ne fait, à notre avis, que le confirmer. Elle suppose la même espèce, avec cette différence que les parties n'ont pas voulu faire un contrat de société. Le propriétaire de la perle *non admisit socium distractionis ;* l'intention manquant, il n'y a plus alors qu'un contrat innommé donnant lieu à l'action *in factum.*

D'autres exemples cités par nos textes mettent en complète lumière le principe que des bénéfices à réaliser et une entente commune sont indispensables pour constituer une société. La Loi 52, pr. de notre titre, nous montre deux propriétaires voisins ayant un terrain contigu. L'un d'eux demande à l'autre d'acheter ce fond de terre et de lui céder ensuite la portion qui le touche ; puis, à l'insu du voisin, il se porte lui-même acquéreur de la totalité. Le voisin aura-t-il action ? Et quelle action ? C'est une question toute de fait, dit Julien, dont l'opinion est rapportée par Ulpien. Si le voisin s'était chargé de l'opération pas pure complaisance et uniquement pour rendre service, il n'a pas d'action contre l'acheteur, qui était libre de révoquer le mandat par lui donné. Mais s'il était entendu entre les parties que l'affaire serait dans l'intérêt commun, il y a lieu d'employer l'action *pro socio.*

De même en l'espèce rapportée par les *Institutes* (L. III, 24, § 2), où il s'agit de deux laboureurs qui n'ont chacun qu'un bœuf et qui conviennent de se le prêter alternativement, il n'y a pas contrat de société, car le résultat du travail des deux

animaux n'est pas destiné à devenir commun ; les deux propriétaires garderont individuellement la récolte de leurs
champs. Pour se contraindre à exécuter leurs obligations, ils
n'auront donc pas l'action de société, et comme ils n'auront
pas davantage l'action du louage, puisqu'il n'y a pas de prix
en argent, ni l'action de commodat, puisque le service n'est
pas gratuit, le préteur considérera la convention comme un
contrat innommé et donnera l'action *prescriptis verbis*.

Autre espèce. Nous sommes co-propriétaires d'un champ
et nous convenons que nous jouirons chacun pendant un an
de la totalité du fonds, moyennant un prix déterminé. Alors
que votre année de jouissance était sur le point de finir,
vous avez mis le fonds hors d'état de produire la récolte de
l'année suivante. J'ai contre vous deux actions : l'*actio ex
conducto* et l'*actio ex locato*; en effet, en ce qui touche ma
part dans le fonds, je suis *conductor*, et en ce qui touche la
vôtre, je suis *locator*. Telle est l'opinion de Servius, rapportée
par Africain (L. 35 § D., t. XIX, 2). Julien est d'avis que la réparation du préjudice peut être aussi obtenue par l'action
communi dividundo, qui seule, du reste, pourrait être employé, au cas où les co-propriétaires n'auraient pas fixé de
prix, de *merces*. Mais aucun de ces jurisconsultes ne songe à
l'action *pro socio*, par la raison bien simple que chacun gar-
dant pour soi les fruits de son année, il n'y a pas de bénéfice
commun.

Aucun doute ne peut donc exister sur la nécessité d'un
gain commun ; et il est à peine besoin d'ajouter que ce gain
doit être honnête. Tous les contrats, en effet, pour être dignes
de la protection du législateur, doivent avoir un but licite ;
ainsi serait nulle la convention par laquelle des personnes
s'associeraient pour faire la contrebande, l'usure, la fausse

monnaie. La promesse d'un crédit illicite serait dans le même cas : autant est valable l'apport qui repose sur la probité, la confiance ou l'habileté d'un négociant honorablement connu, autant est nul celui qui est fondé sur la protection intéressée d'un courtisan ou les intrigues d'un agent sans honneur, comme dit Pothier. Cependant si, par hasard, une société s'était formée, ayant un but déshonnête, d'après quels principes réglerions-nous les rapports des associés. Ulpien, dans la Loi 3, h. t., après nous avoir dit : « Delictorum turpis atque fæda communio est, » nous déclare que si, par hasard, le gain illicite a été mis en commun « commune erit lucrum. » D'où il faut conclure que ce *lucrum*, faisant désormais partie intégrante du fonds social, sera, comme le fonds social lui-même, partagé au moyen de l'*actio communi dividundo*.

Quant aux pertes pouvant provenir des condamnations encourues par l'associé délinquant, celui-ci pourra-t-il recourir contre ses co-associés? La solution de cette question dépend de la distinction qu'expriment les Lois 55 et 57, h. t. La société se trouve-t-elle infectée d'un vice originel par la raison qu'elle a été formée précisément en vue d'opérations illicites? Dans aucun cas, l'auteur du délit ne pourra exercer d'action récursoire contre les autres membres de l'association illicite. Où trouverait-il en effet son point d'appui pour exercer l'action *pro socio?* puisque « rerum inhonestarum nullam esse societatem constat. » Mais s'agit-il d'une société licite et de nature à comprendre tous les biens futurs, à moins qu'ils n'aient un délit pour cause, les jurisconsultes établissent une sous-distinction. Si les associés ont connu la source honteuse du profit, ils devront contribuer au paiement non seulement de l'indemnité, mais encore de la peine.

Si, au contraire, l'origine criminelle de l'apport leur est restée inconnue, ils n'auront à contribuer qu'au paiement de l'indemnité. Dans la première hypothèse, ils se sont en effet associés, quoique après coup, au délit, et il est juste qu'ils en partagent le châtiment ; dans la seconde, il y a lieu d'établir la loi de réciprocité, exprimée en ces termes : « Æquum est, ut cujus participavit lucrum, participet et « damnum. »

Section II. — *Modalités.*

Le contrat de société peut être affecté de modalités diverses, entre autres d'un terme, d'une condition ou de conventions destinées à modifier la répartition des bénéfices et des pertes, telle qu'elle a lieu d'après le droit commun.

Justinien nous apprend dans son Code, L. 6, h. t., que les anciens jurisconsultes discutaient la question de savoir si la société pouvait être affectée d'une condition. Aussi croit-il nécessaire de trancher la question définitivement ; en conséquence, il se prononce pour l'affirmative, à l'exemple de Paul (L. 10, h. t.) qui ne mentionne aucune controverse et donne la règle comme certaine.

D'où pouvait venir ce désaccord entre les anciens auteurs? Cujas, dans son Commentaire de Paul sur l'Edit, en donne l'explication suivante : « Societati inest mancipatio quædam « rerum, quæ in commune conferuntur, et mancipatio, *cùm* « *sit actus legitimus,* non recipit conditionem. » Voët partage cet avis, et comme notre grand interprète, cite à l'appui de son affirmation la Loi 77, D. *de reg. juris,* L. 17, qui déclare les actes légitimes, tels que la *mancipatio,* viciés « *per tempo-* « *ris vel conditionis adjectionem.* »

Or, comme au temps de Justinien, la mancipation a disparu pour faire place à la simple tradition, il n'y avait plus lieu, suivant ces commentateurs, de maintenir la prohibition, et c'est pourquoi la Constitution impériale la fait disparaître. Mais alors pourquoi l'admission du terme, aussi bien que celle de la condition, n'a-t-elle pas été discutée et contestée, puisque l'une aussi bien que l'autre de ces modalités sont irritantes? Ce silence, qui ne peut être une simple omission, me rend suspecte l'interprétation donnée par Cujas, et, pour mon compte, je trouve plus rationnelle l'explication qui trouve le motif de ce doute dans l'incertitude sur le point de savoir si une personne, faisant un certain acte, le fait pour elle-même, ou, au contraire, le fait en qualité de mandataire.

Cette situation peut amener des résultats bizarres et de grandes complications. Par exemple, deux personnes se sont associées sous condition pour faire un achat en commun. L'une d'elles achète la chose. Elle l'aura acquise pour son propre compte, si la condition ne se réalise pas; pour le compte de la société, si la condition se réalise. En outre, il ne faut point omettre le caractère éminemment personnel et individuel donné à la société par le droit romain. « On ne comprendrait pas, dit M. Demangeat, qu'un mariage eût lieu sous condition; probablement certains jurisconsultes avaient vu quelque chose d'analogue dans le contrat de société. »

CHAPITRE II.

Des diverses sociétés.

Justinien et Gaius, dans leurs Institutes, ne recon-
naissent que deux classes de sociétés : « Totorum bonorum
« aut unius alicujus negotiationis, » sociétés universelles
ou particulières. C'est aussi la division adoptée par notre
Code. Ulpien nous donne une énumération plus complète au
Dig. L. 5, h. t. On peut, dit-il, contracter une société de tous
biens, ou pour un commerce, pour un bail de recette d'impôts, ou pour une affaire particulière. La société de tous
biens a en outre, pour subdivision, la société universelle
de gains. Quant à la société pour recouvrer les impôts, la
société *vectigalium*, les règles qui la régissent s'appliquent
également aux autres sociétés, qui ont la même nature et
sont appelées dans les textes (L. 5 et 7, D. h. t.) : *Societates
aurifodinarum*, *argentifodinarum* et *salinarum*, c'est-à-dire
sociétés pour l'exploitation des mines d'or ou d'argent et des
salines.

Section I.

§ 1. — Sociétés universelles.

Nous étudierons cette espèce de société en examinant
d'abord la composition de son actif, et ensuite celle de son
passif.

Actif. — L'actif comprend tout le patrimoine des associés;
le législateur romain n'a pas eu les mêmes craintes que le

législateur français et n'a pas prohibé les stipulations qui
tendraient à faire entrer dans la société la propriété des biens
provenant de succession, donation ou legs (art. 1837, C.).
L'apport des biens corporels présents était régi par la règle
suivante : « In societate omnium bonorum omnes res quæ
« coeuntium sunt continuo communicantur » (L. 1, § 1. D.
h. t.). Ainsi donc, si nous en croyons ce texte, il y aurait
ici dérogation formelle aux principes généraux sur le transfert de la propriété, qui habituellement se fait au moyen
d'une marque, d'un signe extérieur. Mais n'en concluons
pas cependant que le simple consentement des parties suffise
ici pour remplacer la tradition. La Loi 2 D. h. t. nous dit
en effet : « Licet traditio specialiter non interveniat, tacitè
« tamen creditur intervenire. » On applique ici les règles
du constitut possessoire, avec cette différence que dans les
autres contrats, tels que la vente, le constitut possessoire
est formel et exprès, tandis qu'ici il est sous-entendu. Au reste,
il est bien entendu qu'avant Justinien, avant l'abrogation
de la distinction des biens en *res mancipi* et *res nec mancipi*,
cette tradition feinte ne pouvait transmettre que la propriété
naturelle, *in bonis*, des choses *mancipi*. Pour transférer le
dominium ex jure quiritum, Cujas pense qu'il intervient une
espèce de *mancipatio*.

Quant aux biens corporels futurs, la Loi 74, D. h. t.
nous dit : « Si quis societatem contraxerit, quod emit, ipsius
« fit, non commune. » En effet, les parties contractantes
n'ont pu constituer la propriété commune que de ce qu'elles
possédaient au moment du contrat ; mais en vertu de l'obligation qu'elles ont contractée, elles doivent, aussitôt qu'elles
acquièrent, communiquer leurs biens nouveaux, soit par
une remise matérielle, soit par un constitut possessoire

exprès, et la loi précitée ajoute : « societatis judicio cogitur
« rem communicare » ; le mauvais vouloir de l'associé
récalcitrant sera vaincu par l'action *pro socio*.

En ce qui touche les créances appartenant à chacun des associés, il va de soi que nous n'allons plus retrouver les facilités
que nous offrait le transfert de l'actif corporel. Cette communi-
cation subite d'un bien aussi personnel , attaché à l'individu,
« tanquam caro ossibus, » comme disaient les anciens jurisconsultes dans leur langage expressif , résistait trop énergi-
quement à l'idée juridique de la créance. Pour arriver à
l'équivalent de la cession , ils avaient imaginé des moyens
détournés, la *procuratio in rem suam* et la novation par
changement de créancier. Dans notre matière, les co-associés
d'un créancier ne pouvant obtenir leur part directe de la
créance qui, tout entière , réside sur la tête du créancier
originaire , auront l'action *pro socio* pour le contraindre à les
constituer *procuratores in rem suam* en ce qui touche la part
revenant à chacun d'eux dans la créance. C'est ce qu'exprime
la Loi 3 pr. : « Ea quæ in nominibus erunt, manent in suo
« statu , sed actiones invicem præstare debent. »

Pour bien montrer quelle était l'étendue de la société
universorum bonorum, il convient de citer quelques textes
qui font entrer expressément dans cette espèce de société les
biens sur lesquels des doutes auraient pu s'élever : telles
sont , par exemple , les réparations dues à l'un des associés
pour un délit qui lui a causé du préjudice. Sur ce point , la
Loi 52 , § 16 , nous dit : « Socium , sive ob injuriam sibi
« factam, vel ex lege Aquiliâ : sive ipsius sive filii corporis
« nocitum sit , conferre debere. »

Les successions et donations que notre Code français
exclut formellement de la société de tous biens , sont , au

contraire, implicitement comprises dans l'apport de chaque associé (L. 3 , § 1 et L. 73).

Enfin, la dot elle-même de la femme d'un des associés n'échappe pas à cette fusion complète de tous les patrimoines réunis. On eût pu cependant en douter à cause du principe si souvent exprimé dans les textes : que la dot est expressément réservée pour supporter *onera matrimonii.* Mais les textes ont soin de nous dire que si la dot entre dans la société, c'est *cum suâ causâ,* avec sa destination spéciale, et que la société succède alors au mari dans l'obligation de subvenir aux frais du ménage. Aussi, lorsque la société se dissout avant le mariage, le mari reprend la dot par prélèvement sur le fonds commun. Si, au contraire, le mariage est dissous avant la société, il faut considérer le mode de dissolution du mariage et le caractère de la dot, pour en régler le sort. Supposons le mariage dissous par le prédécès de la femme, la dot est-elle *profectice,* elle doit retourner à celui qui l'a constituée ; est-elle *adventice,* elle reste au mari, qui doit alors la laisser dans le fonds commun dont elle fait partie. Quand elle est profectice ou qu'étant adventice, le constituant en a stipulé la restitution, il faudra se reporter aux règles qui régissent cette matière, et la reprise ne pourra être opérée que le jour où la dot doit être rendue. Or, avant Justinien, la dot composée de choses certaines, devait être restituée tout entière aussitôt après la dissolution du mariage ; quand elle comprenait des choses fongibles, les restitutions se faisaient en trois ans, un tiers chaque année. « Dos si pondere, numero, mensurâ contineatur, « annuâ, binâ, trimâ die redditur (Ulp. Reg. T. 6, de dot). » Sous Justinien, la règle fut changée d'une façon fort inintelligente, il fut décidé qu'il y aurait à distinguer entre les meubles et les immeubles, que les meubles seraient rendus immédiatement et les immeubles dans le courant de l'année. La première règle était bien plus logique ; tout ce qui se consomme par l'usage a dû nécessairement être employé par le mari *dominus dotis* , et les anciens jurisconsultes avaient jugé équitable de lui accorder un délai pour se procurer une quantité égale à celle qu'il avait reçue. Si la dot consiste en corps certains , le mari ne jouit d'aucun délai , car, ou il a conservé ces choses , et il peut les rendre tout de suite , ou il ne les a pas conservées , comme il l'aurait dû , et sa faute ne doit pas lui procurer un répit qu'il n'aurait pas eu d'ailleurs.

Quoiqu'il en soit du mérite du changement fait par Justinien , nous n'avons qu'à appliquer aux deux époques de la législation la règle générale énoncée par la Loi 65 , § 16 , « eâdem die recipienda est dos, quâ et solvi debet. » Le mari prélèvera sur le fonds social la dot ou les parties de la dot , suivant les distinctions que nous venons d'établir.

Passif. — Puisque , comme nous venons de le voir, la société *totorum bonorum* ne laisse aux associés aucune partie de leur patrimoine ; il faut tout naturellement conclure qu'elle se charge de toutes leurs dettes par application de la règle « Bona intelliguntur cujusque, quæ deducto ære alieno su-« persunt. (L. 39, § 1, De verb. sign., D. 50, 16.) » Nous n'avons donc pas besoin de textes pour être fixés sur le sort des dettes présentes des associés.

Mais quant aux dettes futures , notre titre s'en occupe d'une façon plus explicite et plus formelle. Dans la Loi 27, D. h. t., Paul nous dit : « Omne æs alienum quod manente « societate contractum est, de communi solvendum est. » D'où nous devons penser que nous n'avons pas à nous occuper de l'échéance des dettes contractées pendant la société; lors même que certaines de ces dettes ne seraient exigibles qu'après la dissolution de la société, ce serait encore l'actif social qui devrait les supporter.

Nous avons vu que les biens de toute nature appartenant aux associés se confondaient dans la masse, de même et par une conséquence forcée les dettes et obligations, si personnelles qu'on les suppose, seront supportées par le patrimoine social. Non-seulement les frais d'entretien et de nourriture des associés, mais encore les dépenses faites pour l'éducation de leurs enfants, qu'ils soient l'un et l'autre mariés ou non mariés. Bien plus, Ulpien nous dit qu'il faut faire supporter par la caisse commune même les dépenses qui n'ont pas un caractère de nécessité, telles que (L. 73.) « quæ in honorem « alterius liberorum erogata sunt, » celles qui ont été faites pour faire parvenir aux honneurs ou dignités les enfants d'un des associés.

Quant à la dot des filles, nous avons un texte important (L. 81.) de Papinien qu'il convient d'examiner avec attention, pour avoir une idée exacte de l'étendue de l'obligation de la société. Le jurisconsulte suppose qu'un associé a promis une dot à sa fille, puis est décédé avant de l'avoir payée, laissant cette même fille pour héritière. Plus tard, le mariage vient à se dissoudre, et la fille ayant intenté contre son mari l'action *rei uxoriæ*, en a obtenu une acceptilation. Elle ne pouvait, en effet, demander autre chose, puisqu'il n'y avait eu que *promissio* et non *datis dotis*. La question est de savoir si, en convolant à de secondes noces, elle pourra exercer l'action *pro socio*, pour forcer les anciens associés de son père à lui laisser prélever sur le fonds social une dot égale à celle qui lui avait été primitivement constituée. Papinien décide que

2

l'obligation des associés ne va pas jusque-là ; mais avant d'arriver à la solution, ce jurisconsulte, suivant son procédé habituel, examine quelques hypothèses intermédiaires destinées à mettre en relief l'opinion qu'il adopte.

La première hypothèse qui se présente à son esprit est celle où le père a payé la dot et où le mariage de sa fille a été dissous par le prédécès de cette dernière. Le père ayant survécu a le droit d'exercer contre le mari l'action *rei uxoriæ* pour opérer le recouvrement de la dot profective. Mais ce recouvrement une fois opéré, l'intention commune de parties s'oppose à ce qu'il puisse le garder ; il sera donc obligé de le reverser à la masse.

Le second cas prévu par Papinien est celui dans lequel, la société durant encore, le mariage de la fille a été dissous par le divorce. L'actio *rei uxoriæ* a été alors acquise à la fille, que nous supposons restée en puissance, et par son intermédiaire au père. Mais, à raison de l'anomalie des règles relatives à la dot, le père n'a pu exercer cette action qu'en s'adjoignant la personne de sa fille (adjuncta filiæ personâ). Cette dérogation unique au principe absolu de la puissance paternelle a pour but d'assurer à la fille le moyen de veiller à la conservation de sa dot, afin qu'elle puisse la porter à un nouveau mari. Si elle n'a pas refusé son concours à son père, celui-ci a donc pu recouvrer la dot, mais il l'a recouvrée *cum suâ causâ*, c'est-à dire à la condition de la tenir à la disposition de sa fille, pour le cas où elle voudrait se remarier. La dot aura donc été reversée à la masse sous l'affectation de la même charge, et, lors du convol, elle sera retirée du fonds commun et donnée au nouveau mari.

Papinien apporte ensuite une modification à sa seconde hypothèse en supposant que la dissolution du mariage par le divorce est arrivée après la mort du père. Alors l'action *rei uxoriæ* a été exercée par la femme, non qu'elle l'ait trouvée dans l'hérédité paternelle, puisqu'au moment où cette héridité s'est ouverte, le mariage durait encore, mais elle l'a exercée *jure suo* et en sa qualité de femme. Ne tenant pas son droit de son père, elle n'est pas non plus soumise à ses obligations, et, en conséquence, elle ne sera pas forcée de reverser dans le fonds social la dot qui lui a été rendue. Mais, conclut Papinien, il ne faut pas induire de là que, si le père est mort sans avoir payé la dot, la fille puisse, en contractant un second mariage, contraindre les anciens associés de son père à la doter; la raison qu'il en donne est celle-ci : « Nequaquàm imputari posse societati non so-« lutam pecuniam. »

La femme ayant été libérée par l'acceptation, les choses doivent être replacées dans le même état que si la société se fût dissoute avant que le père ne constituât la dot; or, s'il en eût été ainsi, la fille de l'associé prédécédé n'aurait pu se faire doter par les autres associés. Si l'argent, objet de la constitution dotale, n'a pas été payé, ce n'est nullement la faute de la société.

§ 2. — Société de gains.

Cette espèce de société n'est qu'une société universelle restreinte. Elle peut être contractée expressément ou tacitement. La restriction est sous-entendue, toutes les fois que la société a été faite purement et simplement; il faut, en effet, une clause formelle pour donner naissance à une société aussi exorbitante que la société universelle. S'il n'a pas été précisé dans l'acte constitutif que tous les biens, de quelque nature qu'ils soient, seront communs, la société ne comprendra que les bénéfices à faire, c'est-à-dire le produit de l'industrie des associés, les gains résultant des contrats à titre onéreux passés par eux, vente, location, etc. (L. 7, h. t.). La loi 45, § 2, D. XXIX, 2, nous dit qu'il faut avoir soin de réserver pour chacun l'hérédité qui lui advient : « Quùm « quæstùs et compendii societas initur, quidquid ex operis « suis socius acquisierit, in medium conferet, sibi autem « quisque hereditatem acquirit. »

Quant à la solde militaire, au pécule *castrens* ou *quasi-castrens*, les associés doivent-ils en faire l'apport à la masse. Papinien, supposant que par *consortium voluntarium*, deux frères ont formé une société générale de gains, prévient une raison de douter qui aurait pu se tirer des règles ordinaires de la *collatio bonorum*. Un fils émancipé qui vient à la succession paternelle en concours avec ses frères restés en puissance au moyen soit de la *bonorum possessio undè liberi*, soit de la *bonorum possessio contrà tabulas*, est obligé de leur conférer tout ce qu'il aurait acquis lui-même au père sans l'émancipation, et qui se serait ainsi trouvé dans l'hérédité ; mais il garde par devers lui les salaires et appointements qu'il a gagnés au service militaire ou par l'exercice de sa profession. Dans l'espèce posée par Papinien (L. 52, § 8.), il n'en est pas ainsi : le rapport est également exigé pour les *salaria* et *stipendia*, car le contrat de société oblige à mettre en commun tous bénéfices honnêtes, même ceux qu'un frère émancipé peut se dispenser de rapporter à la succession de son frère.

Quant au passif, il ne comprendra que les dettes relatives aux opérations sociales. (L. 12.) C'est pourquoi un associé n'est pas tenu des dettes de son cohéritier, en vertu de la

société, à moins qu'ils n'aient aussi fait bourse commune.
(L. 82.)

Section II. — *Sociétés particulières.*

§ 1. — De la société pour un commerce déterminé.

L'actif de cette société se compose des sommes ou choses
destinées à un commerce déterminé ; mais les risques ne
sont à la charge des asssociés que lorsque la mise en commun
est effective et que la condition apposée à la perfection du
contrat s'est réalisée. Ainsi, Celse suppose que vous avez trois
chevaux et moi un et que nous sommes convenus de former
un quadrige pour le vendre, à charge de partager entre nous
le prix de vente, proportionnellement à notre apport. En cet
état mon cheval périt avant la vente, qui supportera cette
perte ? Celse répond que je ne puis rien réclamer à la société,
qui était formée pour la mise en commun non du quadrige,
mais du prix qui proviendrait de la vente ; ce n'est qu'à
partir de la vente, que la société eût été chargée des
risques.

§ 2. — Société pour la ferme des impôts.

Cette société n'est qu'une espèce de société *negotiationis
alicujus* dont nous venons de parler. Si nous en faisons l'objet
d'une division à part, c'est qu'elle est régie par des règles particulières, qui lui donnent un caractère absolument distinct
de toutes les autres sociétés.

Les Romains avaient organisé, pour le recouvrement des
impôts, le système qui était avant la Révolution de 1789,

adopté dans notre pays. Au lieu d'avoir des agents du fisc,
relevant directement du Trésor national, le Sénat romain,
de même que le gouvernement des rois français, abandonnait
la perception des impôts à des particuliers qui soldaient
immédiatement une somme déterminée et se chargeaient
d'extraire du contribuable l'impôt qu'avait assigné à chacun
le bon plaisir des intendants de provinces. Il n'est point
malaisé de voir à quel résultat aboutissait ce système. Le
plus considérable et le seul dont nous ayons ici à nous préoccuper, était de donner une importance omnipotente à ces
fermiers de l'Etat. La littérature est pleine du souvenir de
leur puissance ; mais, ce que l'on peut noter en passant,
c'est qu'il n'ont su inspirer aux auteurs que des sentiments
de crainte, de colère ou de mépris.

Cicéron engage fort ses amis à respecter, à cultiver l'ordre
des Chevaliers, à leur céder le haut du pavé, tout le pavé,
si possible. Il leur prodigue les épithètes flatteuses d'*hono-
ratissimi* et *ornatissimi (pro Plancio).* « Publicanis in oculis
« sumus » écrit-il tout joyeux à Atticus.

Il est fier d'être leur défenseur, et, lorsque dans une cir-
constance mémorable, les publicains, adjudicataires de la
levée des impôts en Asie, demandèrent à être dégrévés d'une
partie de leur dette, sous prétexte que les provinces dont ils
avaient la ferme, ne s'étaient pas relevées des ravages
de Mithridate, il disputa à César l'honneur de défendre au
Sénat la société d'Asie, contre Caton qui, cependant, l'em-
porta en invoquant la sainteté des contrats et les droits sacrés
du Trésor. Mais ce fut un malheur pour Caton ; il est quelquefois dangereux d'avoir raison ; César était consul et, après
la séance, il le fit arrêter.

Nous voyons, d'autre part, nos auteurs français traduire à

la barre de l'opinion du peuple les Turcaret, dont l'enrichissement a été facile et dont les fantaisies luxueuses devaient édifier le contribuable sur la destinée imméritée d'une trop notable partie de ses contributions.

L'institution portait donc des fruitts malsains en trop grande quantité pour être conservée. Elle n'avait qu'un mérite : c'était de délivrer l'Etat du soin de surveiller ses employés, ce qui est un avantage justement apprécié des princes qui disent volontiers : Après moi, le déluge.

Les particuliers qui se chargeaient d'une entreprise aussi considérable que la collecte des impôts, devaient nécessairement offrir des garanties de solvabilité indiscutable. Aussi, bien rarement, les fortunes privées suffisaient-elles, et cette insuffisance obligea les capitaux à se grouper pour supporter le poids d'entreprises aussi lourdes. Ainsi naquirent les sociétés de Publicains. « Publicani autem dicuntur, qui « publica vectigalia habent conducta. (L. 11, 5, D., 39, 4.) » et parmi elles la plus célèbre qui trouva son cadre tout formé dans l'Ordre des Chevaliers « splendidissimum equitum « ordinem. »

L'Etat, qui avait besoin de ces sociétés, s'empressa de les favoriser. Tout en se réservant le droit d'autoriser leur formation, il leur permit d'échapper à la dissolution par la mort d'un des associés ; ce qui leur donna une solidité précieuse et dut leur assurer un crédit sans rival. Dans les sociétés ordinaires, un associé ne pouvait convenir que son héritier lui succéderait ; on voyait là la désignation d'une personne incertaine, ce qui était contraire aux principes de la société. Mais cette clause était très-licite dans la société *Vectigalis*. C'est ce qu'exprime la Loi 59 p. D., h. t. « Adeò « morte socii solvitur societas, ut nec ab initio pacisci

« possimus, *ut heres succedat societati.* Hœc in privatis socie-
« tibus : in societate vectigalium nihilominùs manet societas,
« et post mortem alicujus. »

Outre cet avantage, la loi romaine avait donné aux sociétés
vectigalis le droit exceptionnel de former une personne morale,
ainsi que nous l'apprend Gaius (L. 1, p. D., 3, 4) : « Neque
« societas, neque collegium, neque hujusmodi corpus passim
« habere omnibus conceditur : nam et legibus et senatus-
« consultis et principalibus constitutionibus ea res coercetur :
« paucis admodum in causis concessa sunt hujusmodi
« corpora : ut ecce, vectigalium publicorum sociis permissum
« est corpus habere. »

C'était à Rome une faveur insigne et que les princes réser-
vaient aux rares associations qui leur étaient utiles et qui ne
leur portaient pas ombrage. C'est ainsi qu'ils avaient autorisé
certaines corporations d'ouvriers dont l'existence importait
à l'utilité générale; tels étaient les *pistores, navicularii, suarii,*
pecuarii, aquarii, fabricences. Mais ces *collegia* avaient des
règlements très-sévères qui leur étaient imposés par l'autorité,
afin d'empêcher que des projets factieux ne fussent dissi-
mulés sous des apparences trompeuses. L'empereur Sévère,
qui paraît avoir vu ces réunions de la plèbe avec le moins de
défaveur, invite les gouverneurs des villes à ne pas trop leur
lâcher la bride. « Permittitur tenuioribus *stipem* (cotisation)
« menstruam conferre, dit-il, dùm tamen semel mense
« coeant. » Quant aux sociétés non autorisées, elles sont
impitoyablement frappées; former un collége illicite, était
un *crimen extraordinarium* digne du dernier supplice.
« Quisquis illicitum collegium usurpaverit eâ pœnâ tenetur
« quâ tenentur qui hominibus armatis loca publica vel templa
« occupâsse judicati sunt. (L. 2, Ulpien, D., 47, 22.) »

Et c'est en s'appuyant sur la législation répressive des sociétés illicites, que les magistrats romains poursuivaient les premières communautés chrétiennes qui avaient, d'après Tertullien (Apolog. 39), la plus grande analogie avec les *collegia tenuiorum*.

S'il était si difficile à Rome d'obtenir l'autorisation de former une association qui eût une existence indépendante du nombre et de la qualité des personnes associées, qui survécût à la disparition de ses membres et constituât en définitive ce que nous appelons une personne morale, est-il bien téméraire d'affirmer qu'en dehors des sociétés qui, de par la loi, auront une personnalité, les sociétés, en droit romain, ne forment pas des êtres distincts des associés? Ne semble-t-il pas qu'il est permis de croire sans hésitation que la personnalité n'étant accordée aux sociétés que par exception, la règle générale doit être la non-personnalité? « La nécessité du consentement de l'Etat pour la formation d'une personne juridique trouve sa source dans la nature même du droit; quand la capacité naturelle de l'homme est étendue fictivement à un être idéal, l'apparition corporelle manque et la volonté de l'autorité peut seule y suppléer, en créant des sujets artificiels de droit. (Savigny, Hist. du dr. rom., t. II.) »

Cependant cette doctrine a été contestée par plusieurs auteurs et nous devons examiner les arguments sur lesquels ils essaient d'établir leur système. Ils prétendent que certaines lois des Pandectes supposent formellement que les sociétés sont des personnes morales. Ces textes sont les suivants :

1° L. 22, D. de fidejuss. 46, 1. « Mortuo reo promittendi « et ante aditam hereditatem fidejussor accipi potest : quia

« hereditas vice personæ fungitur, sicuti municipium et
« decuria *et societas*. (Florentinus.) » M. Troplong, qui se
déclare partisan de la personnalité des sociétés, cite le texte
à l'appui de sa thèse et l'explique en ces termes : « De même
qu'un municipe absorbe dans son être abstrait les individus
dont il se compose, de même une société est dans ses rapports extérieurs et intérieurs une personne morale qui éclipse
les associés qui la forment, les associés ne sont pas plus à
considérer que l'héritier n'est à rechercher pour savoir si
une hérédité peut remplir les fonctions juridiques. » Mais
cette explication si concluante aux yeux de son auteur ne
nous paraît qu'un cercle vicieux. Nous admettons bien que
les sociétés assimilées aux municipes et aux décuries peuvent,
comme une hérédité, représenter une personne juridique ;
mais quelles sont ces sociétés ? Nous n'avons pour nous
édifier à ce sujet pas d'autre texte que la Loi 1, p. D. 3, 4,
établissant la distinction que nous avons vue entre les sociétés
particulières et les sociétés autorisées. Par conséquent la
question reste entière.

Même réponse ferons-nous à un argument de même nature
tiré de la Loi 3 § 4, de bon. poss. 37, 1. « A municipibus
« et societatibus et decuriis et corporibus bonorum possessio
« requiri potest. » Il ne peut s'agir ici comme dans la loi
précédente que des sociétés déclarées personnes morales par
un acte officiel. Cujas, du reste, dans son commentaire de
cette loi, se prononce complétement en notre sens : « Osten-
« ditur in hoc paragrapho à municipibus adquiri posse
« bonorum possessionem : itaque non tantum à singulis sed
« etiam ab universitatibus, municipiis, civitatibus et à socie-
« tatibus, quæ species est universitatis, ut à societatibus
« publicanorum. (L. 1, p. quod cujusq. univ.) »

Un autre texte tiré du titre de Furtis, L. 47, 2, et formant la Loi 31 § 1, contient aussi le mot *societas* mis sur la même ligne que *respublica* ou *municipium*; la réponse est toujours la même : il faudrait d'abord s'entendre sur l'étendue du mot. Voici le texte : « Si quis tabulas instrumentorum « reipublicæ municipiis alicujus aut subripuerit aut interle- « verit, Labeo ait eum furti teneri. Idem scribit et de cæteris « rebus publicis deque societatibus. »

Enfin la Loi 65 § 14 de notre titre est invoquée par nos adversaires. Elle est ainsi conçue : « Si communis pecunia « penès aliquem sociorum sit, et alicui sociorum quid « absit, cum eo solo agendum, penès quem ea pecunia sit : « quâ deductâ, de reliquo quod cuique debeatur omnes agere « possunt. »

Là-dessus M. Troplong, notre principal antagoniste, nous dit : « Dans cette espèce, le jurisconsulte considère la société comme un être abstrait de raison, distinct des associés ; il la personnifie dans la caisse commune, tour à tour débitrice et créancière ; un associé a souffert un dommage qui lui donne droit à une réparation de la part de la société : s'il est vrai qu'il faille considérer les associés plutôt que la société, cet associé pourra s'adresser à chacun de ses coassociés indivi- duellement, pour se faire indemniser par eux suivant leur part et portion. » Or, Paul, décidant le contraire, il faudrait en conclure que la caisse personnifie la société. Mais cette conclusion est forcée et inutile pour entendre la loi. Il suffit de s'en rapporter aux principes du mandat et de considérer que dans notre espèce l'associé, chargé par les autres de gérer les affaires sociales, doit naturellement recevoir l'argent commun et payer pour les autres ; en conséquence celui qui a fait quelques dépenses ou éprouvé quelques pertes à cause des affaires sociales agira contre le caissier représentant de tous les associés.

Enfin, puisque les interprètes opposés à notre sentiment s'attachent à ce mot *societas*, il n'est pas inutile de rappeler que chez la plupart des auteurs il est pris dans le sens de *societas vectigalis*. Ainsi Tacite (Ann. XIII); ainsi Cicéron. — Donc, lorsque nous le trouvons dans la langue juridique, nous avons le droit, s'il n'est pas expliqué par les idées accessoires, de l'entendre comme les littérateurs.

De plus — et cette considération ne nous paraît pas indigne d'être jointe aux précédentes — s'il était si bien établi que les sociétés, en droit romain, sont des personnes juridiques, comment expliquer que Savigny, qui leur consacre de longues pages de son *Traité de droit romain*, les ait complétement passées sous silence ? C'est que probablement il était de notre avis, et après avoir l'approbation de Cujas, nous ne dédaignons point celle de ce grand romaniste.

§ 3. — Société *unius rei.*

Cette société est celle en vertu de laquelle deux ou plusieurs personnes mettent en commun quelque chose de déterminé dans la vue de partager les bénéfices de l'exploitation. Telle fut, par exemple, la société du célèbre acteur Roscius avec le maître de l'esclave Panurge, formée pour exploiter les talents scéniques de cet esclave. Tel est encore le cas où plusieurs personnes sont convenues de posséder en commun les successions légitimes qui leur seraient échues.

A ce propos se pose la question de savoir ce qu'il faut entendre au juste par une hérédité légitime, *justa*. Est-ce aussi bien celle qui est déférée par le droit, par la loi que celle qui arrive par testament ?

La raison de douter vient d'une loi du Titre de Verb. sign. 50, 16 qui a précisément pour but d'expliquer ce qu'est une hérédité légitime et qui s'exprime ainsi : « Lege obvenire « hereditatem non impropriè quis dixerit et eam, quæ ex tes-« tamento defertur : quia Lege XII tabularum testamentariæ « hereditates confirmantur (L. 130.). » Et Cicéron, *de naturâ deorum* 3. « Eam potestatem quasi justæ et legitimæ here-« ditatis loco filio tradidit. » Paul, cependant, L. 3 § 2, h. t., nous dit qu'il ne faut entendre par hérédité légitime que celle qui est déférée par la loi.

CHAPITRE III.

Rapports des associés entre eux.

Section I. — *Devoirs positifs et droits des associés.*

N° I. — 1. *Obligation d'apport.*

Pour faire fructifier une valeur, il est naturel de songer d'abord à la réaliser, et c'est pourquoi le premier devoir des associés est de se mettre en mesure d'exécuter leurs promesses d'apport. Ce n'est que du moment où les choses destinées à la société ont été réellement et matériellement mises en commun, que l'associé n'est plus responsable de la conservation des objets promis. Ainsi le déclare la Loi 58 § 1 : « Si post collationem evenit, ut pecunia periret, utrique « perire ; si verò antè collationem, postquam destinasses,

« tum perierit, nihil eo nomine consequereris quia non so-
« cietati periit. »

Pour s'entendre sur l'étendue de la garantie due par les
associés, il faut d'abord être fixé sur la nature de l'apport.
S'agit-il de propriété ou de jouissance ? Dans le premier cas,
il y aura lieu d'appliquer les règles de la vente ; dans le second, celles du louage ; c'est-à-dire que lorsqu'il y a apport
de propriété, la perte fortuite survenue postérieurement à
la mise en commun ne change rien aux droits, ni aux obligations de l'associé ; tandis que si l'apport consistait en une
jouissance fournie à la société, le défaut de prestations
libère celle-ci de ses devoirs vis-à-vis de l'associé (LL. 9,
60, 33, pr. 19 § 6, D. 19, 2).

Il est donc fort important de bien distinguer l'apport de
jouissance de l'apport de propriété. Rien de plus simple
quand le contrat s'explique à ce sujet ; mais que faudra-t-il
penser quand le texte sera muet ? Cette question a provoqué
naturellement deux réponses contradictoires. Les uns ont dit
qu'il faut supposer l'apport en pleine propriété ; la société
ayant un caractère d'union, de confraternité plus complète en
droit romain qu'en droit français, il est plus conforme à
l'esprit de la loi de supposer la mise en commun absolue.
D'autres, et notamment Glück (Pandectes), soutiennent
qu'il faut seulement présumer la jouissance ; aller plus loin
serait donner une solution exorbitante des principes d'interprétation qui invitent à restreindre plutôt qu'à étendre les
obligations des contractants, quand elles sont obscures.
Enfin un troisième système appuyé par Grotius (de Jure belli
et pacis, II. Cap. XII), propose une distinction qui nous
paraît fort acceptable. Si l'apport consiste en choses fongibles, il est naturel de supposer qu'elles sont mises en

pleine propriété, puisqu'on ne peut les utiliser sans les consommer ; s'il s'agit au contraire de corps certains, l'on peut fort vraisemblablement penser que , dans la pensée de l'associé, la société devait en user comme il avait lui-même coutume de le faire , c'est-à-dire en consommant seulement les fruits.

2. Obligation de mettre en commun les bénéfices.

Par le seul effet du contrat de société, les acquisitions faites par un associé ne constituent pas immédiatement un bien commun ; ainsi la chose achetée reste propriété personnelle de l'acheteur ; mais en vertu de l'action qui naît du contrat de société, il est obligé de la rendre commune (L. 74, h., t.). Pour que cette obligation de mettre en commun prenne naissance , il faut qu'il s'agisse effectivement de biens acquis *ex societate*. C'est ainsi que si l'un des maîtres a laissé à l'esclave commun un legs sans l'affranchir, ce legs appartient tout entier à l'associé survivant, qui ne doit point le partager avec l'héritier de l'associé. Ce n'est point là , en effet, une acquisition résultant de la société , mais seulement de la part qu'a l'associé dans l'esclave (L. 63, § 9).

Il est de plus bien évident encore que, dans le cas d'esclave commun, toutes les fois que tous les maîtres ne pourront prendre part à ce qu'il aura acquis, le bien sera tout entier à ceux qui pourront en devenir propriétaire (L. 12, D. 26, 8 ; L. 1 § 4, et L. 18, pr. D. 45, 2).

A défaut par l'associé d'exécuter sans retard les restitutions qu'il doit à la société, la loi l'oblige à payer les intérêts de la somme qu'il détient. Mais, selon Labéon, il faut que l'associé infidèle se soit servi de l'argent pour son usage par-·

ticulier ou ait été mis en demeure (L. 60, pr.). Et alors, les *usuræ* seront dues non comme *fœnus*, comme revenu de l'argent, mais comme indemnité du tort qu'a fait éprouver aux associés le retard apporté dans la restitution.

Nº II. — Droits de chacun des associés.

1. Droit d'user du bien commun.

1. Les choses de la société étant communes, il va de soi que chaque associé doit avoir le droit et la faculté d'en jouir. Si l'un refuse à l'autre l'exercice de son droit, il y aura lieu à l'action *pro socio*. C'est ce que dit la Loi 52 § 13, dans le cas où deux voisins auraient mis en commun chacun un demi-pied de terrain, pour élever un mur destiné à soutenir les poutres de leurs bâtiments respectifs, et où l'un des associés mettrait obstacle à l'exécution du contrat.

2. Chaque associé peut aussi par l'action *pro socio* se faire rembourser les dépenses contractées dans l'intérêt de la société. Ainsi, un canal commun a été réparé, des dépenses de voyage ont été faites pour les besoins communs (L. 52 § 12 et § 15).

3. Tous les associés doivent contribuer aux obligations contractées *pro societate*, et ce réglement doit se faire, dit la Loi 37, même après la dissolution de la société. Si, parmi les dettes sociales, s'en trouvait une qui fût conditionnelle, que faudrait-il faire au cas où la société se dissoudrait avant l'arrivée de la condition? La loi nous dit qu'alors les associés doivent se donner caution réciproque; ce qui n'est du reste que l'application des principes généraux sur les actions *bonæ fidei*, ainsi que le prouvent les Lois 38, L. t, 41 *de judiciis*, D. V, 1 ; 26, *de ædilitio edicto*, XXI, 1.

Si cependant un associé, ayant partagé avec ses co-associés le prix d'une chose vendue, oubliait de leur demander
caution, de l'indemniser au cas où l'acheteur évincé se re-
tournerait contre son vendeur, faut-il admettre qu'il ne peut
demander à chacun que sa part, ou doit-on dire qu'il a le
droit de faire supporter aux associés solvables ce qu'il ne
peut obtenir des insolvables ? Il faut adopter ce dernier parti
qui est approuvé par Proculus (L. 67) : « Quoniàm, dit-il,
« societas cùm contrahitur, tàm lucri quàm damni commu-
« nio initur. »

4. Enfin, chaque associé peut faire partager aux autres
les pertes personnelles que lui a occasionnées la société.
mais non celles qu'il a éprouvées par sa propre faute. En
effet, d'après la Loi 203, de Reg. juris, L, 17 : « Quod quis ex
« culpâ suâ damnum sentit, non intelligitur sentire. »

Labéon, sur ce point, avait une théorie très-rigoureuse.
Pour accorder l'action pro socio, il exigeait que la dépense
fût faite directement in societatem et non propter societatem.
Ainsi, dans le cas où un associé aurait été blessé en s'oppo-
sant à l'évasion d'esclaves communs, ses frais de guérison
resteraient à son compte (L. 60 § 1). Julien, dans une espèce
analogue, est d'un autre avis ; un associé, voyageant pour
les affaires communes, tombe malade, est dépouillé de ses
effets personnels par un accident quelconque, les frais nécessités par le rétablissement de sa personne, de ses bagages
seront supportés par la caisse commune : « Nàm sicuti
« lucrum, ità damnum quoque commune esse oportet quod
« non socii culpâ contingit (L. 52 § 4). »

Section II. — *Devoirs négatifs.*

1º S'abstenir de toute innovation sur les choses communes,
sans l'autorisation des autres associés.

Ce n'est que l'application du principe général : *in re pari*,
potior est causa prohibentis (L. 28, D. 10, 3). Et, en effet, celui
qui veut changer l'état des choses communes, qui veut, par
exemple, bâtir sur terrain commun, cherche en quelque
sorte à s'approprier le bien d'autrui ; son associé est
en droit de s'y opposer, en déclarant *jus sibi prohibendi
esse*, ou *illi jus ædificandi non esse*. Ainsi encore un des associés ne pourrait mettre à la question un esclave commun, si
ce n'est point affaire de société (L. 27, D. 10, 3).

De cette prohibition d'innover résulte que si le travail a
été fait en l'absence des autres associés ou quand ceux-ci ne
pourraient l'empêcher, ils sont fondés à en demander la
suppression. Si, au contraire, ils avaient les moyens de faire
opposition et qu'ils ne l'aient pas fait, la loi défend la suppression de l'ouvrage, mais *per communi dividundo actionem
damnum sarciri poterit* (L. 28, t. 10, 3).

Les *Institutes* de Justinien nous donnent également la con-
firmation de notre règle au § 9, L. II , 1, où nous trouvons
la prohibition pour un associé d'enterrer un mort dans un
terrain commun. Les autres associés, pour faire enlever le
mort, ont, d'après Trebatius et Labéon, une action *in factum*
(L. 686, D. 10, 3). Selon Pomponius, il y a lieu, dans ce cas,
à l'action *pro socio* (L. 39, h. t.).

2° L'associé doit s'abstenir de dol et de faute.

Quant au dol, il n'y a pas de discussion possible. Lors même que la Loi 52 § 2 n'existerait pas pour affirmer que l'associé en est tenu, les principes généraux qui régissent les actions *bonæ fidei* nous feraient admettre la même solution. De plus, la Loi 23, *de Reg. juris*, D. 50, 17, nous apprend qu'une convention formelle n'aurait pas le pouvoir d'affranchir les associés de la responsabilité du dol. Au dol est assimilé la *culpa lata*.

Dans la faute rentre la *mora*, qui a pour effet, lorsqu'il s'agit de sommes d'argent, de faire courir les intérêts contre l'associé retardataire. Ces intérêts sont fixés, dit Papinien (L. 1, pr. *de usuris*, 22, 1), « ex more regionis, ubi contrac-« tum est, itâ tamen ut legi non offendat. » Mais ils peuvent être dus, « etiàm morâ non interveniente, » 1° lorsque l'associé s'est emparé de l'argent commun, *cum invasit pecuniam communem*; 2° lorsqu'il l'a employé à son usage personnel (L. 1 § 1, D. 22, 1). S'il a prêté de l'argent *suo nomine*, il n'est pas tenu de rendre à la société les intérêts que lui-même a stipulés, mais bien les *usuræ*, au taux de la place; on peut dire de lui, dans ce cas, que *pecuniam communem invasit*.

Si toutes ces circonstances sont réunies, si l'associé « in eo « quod ex societate lucri faceret moram adhibuit, cùm eâ « pecuniâ ipse usus sit (L. 60, § 1), » Labéon décide qu'outre les intérêts, il y a lieu de condamner l'associé en faute *in quod socii intererat*.

Cette loi n'est point entendue de la même façon par tous les interprètes. Cujas (*Observ.*, L. XIII, cap. 15) et

Pothier (*in Pand.*, h. t., n° 44) ont lu le texte comme s'il y avait « aut pecuniâ usus sit. »

Dans leur opinion, il suffirait de l'une des deux circonstances pour que la décision contenue dans le texte reçût son application. Mais, malgré toute l'autorité des deux éminents jurisconsultes, nous ne croyons pas pouvoir nous permettre cette correction.

En effet, au point de vue grammatical, nous ne nous expliquerions pas la présence du subjonctif *usus sit* dans le second membre de phrase, alors que, dans le premier, *adhibuit* se trouve à l'indicatif ; si ces deux verbes étaient sous la même dépendance, ils seraient vraisemblablement au même mode. De plus, les *usuræ*, dont il s'agit ici, ne sont pas calculées suivant le mode ordinaire, *quasi usuras, sed quod socii intersit moram eum non adhibuisse.* Tandis qu'en thèse générale, le titulaire d'une action *bonæ fidei* peut *ex mora* réclamer seulement les intérêts au taux de la place ; dans l'hypothèse prévue en notre Loi 60, l'associé demandeur peut établir le *quantum* du dommage causé. C'est ainsi seulement que l'on arrive à supprimer la contradiction qui, dans le système de Cujas, existe entre la Loi 60 et la Loi 1 pr. et § 1, D *de usuris*, 22, 1.

Après la *mora*, voyons la faute proprement dite. Elle peut être positive comme dans les cas prévus par la loi Aquilia. Si l'associé s'est rendu coupable de *damnum infectum*, il est tenu de le réparer (L. 47 § 1). Quant à la faute négative, en sera-t-il tenu quelle qu'en soit la nature ? Suivant la terminologie usitée, la *culpa lata* étant mise de côté et assimilée au dol, nous distinguons la *culpa levis in abstracto* et la *culpa levis in concreto*. La première se mesure en prenant pour type un père de famille très-diligent ; la seconde, en consi-

dérant la personne même qu'il s'agit de juger. L'associé
sera-t-il tenu de tout ce qu'un propriétaire très-soigneux
peut éviter ? Non, dit la Loi 72 et le § 9 de notre titre aux
Inst. de Justinien : « Culpa non ad exactissimam diligentiam
« dirigenda est : sufficit enim talem diligentiam communi-
« bus rebus adhibere, qualem suis rebus adhibere solet ;
« quia qui parùm diligentem socium adquirit, de se queri
« debet. » Ainsi donc l'associé n'a qu'à se mettre en garde
contre les fautes qu'il ne commet pas habituellement dans
l'administration de son patrimoine.

Mais la raison donnée par le texte ci-dessus mentionné
peut être critiquée. En effet, cette même décision est donnée
dans des cas où le choix n'a pas été possible : ainsi, les co-
héritiers et les légataires conjoints sont tenus, vis-à-vis l'un
de l'autre, de la faute *in concreto* seulement ; et, cependant,
on ne peut dire qu'ils ont réciproquement à s'imputer leur
négligence dans le choix d'un communiste (L. 25 § 16,
D. 10, 2). Il faut plutôt dire, pour justifier la décision
romaine, que l'associé n'est pas tenu avec une trop
grande sévérité, parce qu'en définitive, il administre une
chose qui lui appartient en partie, *quoniàm propter partem
suam causam habuit gerendi* (L. 25 § 16, D. 10, 2) ; son
intérêt personnel est une garantie qu'il agira pour le
mieux.

L'associé est responsable de sa faute, même quand il n'a
apporté que son art ou son industrie (L. 52 § 2). Sans cette
loi, on pouvait l'ignorer. « Pretium enim operæ actis est ve-
« lamentum, » dit le texte. Cujas (*Comm. Inst.* § 2, II, 25)
propose de lire *levamentum* au lieu de *velamentum*, « atque
« in vetustissimo codice, dit-il, prorsùs ità se legisse mihi
« confirmerit Arnol. Ferronius senator Burdegalensis, cùm

» juris civilis, tùm omnium disciplinarum cognitione erudi-
« tissimus. »

Mais pourquoi cette correction ? Est-elle donc nécessaire
pour entendre le texte ? Nous ne le voyons point, et nous
trouvons intelligible l'interprétation de *velamentum*, en ce
sens que le prix que l'un des associés reçoit de son travail
le couvre de ses soins.

La théorie de la faute peut être modifiée par des conventions, pourvu qu'elles n'aient rien de contraire aux lois et
aux bonnes mœurs. Ainsi, ne pourrait être écartée la responsabilité du dol : « Illud non probabis dolum non esse præs-
« tandum, si convenerit. » Dans le cas même où il n'y aurait pas de convention, si l'associé dont l'apport consiste en
industrie reçoit, après estimation, l'apport de l'autre en nature, il est *ipso facto* tenu d'une vigilance plus attentive *dili-
gentia in custodiendo*, que les textes appellent *custodia*. L'effet
de cette estimation est : 1° de déterminer le prix qui devra
être remboursé, si la chose périt ; 2° d'étendre la responsabilité à tout accident que des précautions plus soigneuses
auraient pu écarter, comme le vol simple dont l'associé ne
répond pas habituellement ; quant au vol à main armée, au
latrocinium et généralement à tous les cas de force majeure,
ils doivent, cela se comprend, être soustraits à toute responsabilité.

Cet effet, attribué à l'estimation, d'augmenter la responsabilité du débiteur de la chose, repose sur une présomption
très-naturelle. Celui qui, en remettant une chose à un autre,
l'estime à telle somme en prévoyance du cas où elle serait
perdue ou détériorée par sa négligence, annonce, en prenant
lui-même ce soin, qu'il compte sur toute la diligence de celui
à qui il confie sa chose.

Ce point de doctrine jusqu'ici peu remarqué a été mis en relief par notre savant et regretté maître, M. Pellat, dans ses textes sur la dot et l'étude qu'il fait de la Loi 69 § 7, *de jure dotium*, comparée à la loi 53 § 3, L. t., ne laisse aucune obscurité sur l'importance exacte de la *custodia*.

On pourrait se demander si l'associé qui doit le prix des dommages par lui causés, ne peut les compenser avec les bénéfices qu'il a procurés. Mais les Lois 23, 25 et 26 sont formelles dans le sens négatif : « Non compensatur compen- « dium cum negligentia, » dit Marcellus.

3° L'associé ne peut aliéner plus que sa part, ni associer un tiers
à la société.

Que la société soit universelle ou particulière, chaque associé ne peut disposer que de sa part ; mais il peut le faire avec une entière liberté. Avant la Constitution de Valentinien, qui forme la Loi 14, C. 4, 38, les autres associés avaient un droit de préemption, lequel disparut dans le dernier état du droit. La Loi 3, C. 4, 52, dit positivement : « Falsò tibi per- « suasum est, communis prædii portionem pro indiviso ante « quàm communi dividundo judicium dictetur, tantùm sociò, « non etiàm extraneo posse distrahi. »

Seulement, il était loisible aux associés d'apporter par convention des restrictions au droit commun. Ils pouvaient convenir que la société aurait un terme fixe, qu'elle ne serait pas dissoute avant tel délai. Chaque associé n'était pas pour cela dans l'impossibilité de vendre sa part. Mais l'acheteur devra respecter le contrat de son vendeur, et s'il veut provoquer la dissolution de la société au mépris du pacte social, il se verra repousser par une exception. Quant à l'associé qui a méconnu la clause *ne dividat*, il est tenu de l'action *pro socio* ou *communi dividundo*.

Si chaque associé a le droit de modifier les choses de la société, il n'en peut augmenter le personnel. Cela tient aux considérations individuelles qui président au choix des associés. « Quùm societas consensu contrahatur, socius mihi « esse non potest, quem ego socium esse nolui (L. 19). » Que Primus, associé de Secundus, juge à propos de s'adjoindre Sempronius comme croupier, c'est son affaire ; Secundus n'a point à s'en inquiéter. « Socii mei socius, « socius meus non est (L. 47 § 1, D. *de Regulis juris*, 50, 17). Tous les profits faits par Sempronius dans les opérations sociales ou à l'aide des objets appartenant à la société seront par lui communiqués à Primus, qui devra en rendre compte à la société. Quant à Secundus, il n'a rien à partager avec le croupier de Primus. Réciproquement, Primus est tenu de partager avec Sempronius les profits faits dans l'association principale.

Ces réglements entre Primus et Sempronius peuvent se faire avant que les associés principaux se soient entendus.

De tout ceci, il ressort bien évidemment que le croupier est considéré comme faisant, pour ainsi dire, une seule et même personne avec l'associé qui l'a admis. L'autre associé persiste à ne connaître que son associé primitif; c'est à lui seul qu'il s'adresse. Par conséquent, si un associé imprudent s'est adjoint un croupier qui cause des pertes à la société, il ne peut offrir à ses associés de leur céder son action, pour s'exonérer d'obligations en cas d'insolvabilité du sous-associé. Il en est responsable personnellement.

Une deuxième question s'est élevée sur ce sujet. C'est celle de la compensation entre les gains procurés à la société par le sous-associé et les pertes qu'il a pu lui causer. Pomponius l'admettait. Mais son opinion ne paraît pas avoir prévalu, si l'on en croit Ulpien et Marcellus. Enfin, l'empereur Marc-Aurèle a déclaré positivement qu'un associé ne peut dire à son associé. « Abstine commodo quod per servum accessit, « si damnum petis (L. 23).

CHAPITRE IV.

Rapports des associés avec les tiers.

SECTION I. — *Des différentes manières dont ils peuvent s'engager envers les tiers.*

1. — Les associés peuvent traiter avec les tiers directement ou par intermédiaire.

Dans le premier cas, l'action née du contrat se tourne contre chacun d'eux, pour sa part et portion, La solidarité ne se présume pas. Ainsi le déclare la Loi 4 pr. *de exercitoriâ actione*, D. 14, 1. « Si plures navem per se exerceant, pro « portionibus exercitionis convenientur. » Ainsi encore la Loi 44 § 1, de. *ædilitio edicto*, D. 2, 1. « Actio ex empto cum « singulis est pro portione quâ socii fuerunt. » Par exception, cependant, les édiles avaient permis d'intenter l'action *in solidum* contre celui des *venaliciarii* qui avait dans l'affaire l'intérêt le plus considérable. Les *venaliciarii* étaient des marchands d'esclaves, dont la réputation était mauvaise, et la dérogation aux principes admise par les édiles était inspirée *odio potiusquam jure*. A l'exemple des *correi promittendis* ou *stipulandi* qui *ipso jure in solidum debent* (L. 2, de duobus reis, D. 45, 2), les *argentarii socii*, les banquiers étaient aussi tenus *correaliter* (LL. 25 p. et 27 p. de Pactis, D. 2, 14).

1° L'intermédiaire est un esclave commun.

Lorsqu'une obligation était contractée par une personne *alieni juris*, le droit prétorien avait admis diverses actions au moyen desquelles le tiers pouvait demander contre le *dominus* ou *pater familias* l'exécution du contrat. Ces actions sont connues sous le nom de *quod jussu, exercitoria, institoria, de peculio, de in rem verso;* et les motifs de raison qui leur servent de fondement, sont : 1° l'autorisation donnée directement ou indirectement par le chef de famille ; 2° le profit qu'il a retiré de l'opération de son esclave ou de son fils. Au cas de l'action *quod jussu*, si un associé seulement a donné l'ordre, lui seul pourra être attaqué ; si l'esclave a agi par l'ordre de tous ses maîtres, *cum quovis in solidum agi potest.* (L. 5 § 1, D. *Quod jussu*, 15, 4.) De même, lorsqu'il s'agira d'exercer les actions *exercitoria* et *institoria*. Les maîtres de l'esclave qu'ils auront préposé, soit au navire, soit au commerce, seront tenus *in solidum*. (L. 4 § 2, D. de *exercitoriâ actione*, 14, 1.) Lorsque les associés ont sur l'esclave *institor* des droits inégaux, certains jurisconsultes pensaient qu'ils devaient être tenus proportionnellement à leurs parts, *pro dominicis partibus*. Mais Julien décide *exemplo* « *exercitorum et de peculio actionis, in solidum unumquemque* « *conveniri posse.* » (L. 13 § 2, de *institoriâ*. L. 14, 3.)

Lorsque l'esclave a fait quelque acte sans la volonté du maître, si le maître en a profité, il est tenu jusqu'à concurrence du profit, et s'il n'en a pas profité, il est tenu jusqu'à concurrence du pécule confié à l'esclave, Supposons un esclave commun ayant un pécule chez chacun de ses maîtres. D'après la Loi 27 § 8, D. *de peculio*, 15, 1, le créancier pourra s'adresser *in solidum* contre chacun, et dans la condamnation, le juge devra tenir compte des deux pécules. La condamnation *de in rem verso* ne pourra être encourue que par celui des deux associés au profit duquel l'affaire aura tournée. (L. 13, D. de *in rem verso*, 15, 3.) Toutefois , Julien nous dit (L. 14 *eod.*) : qu'il est un cas où l'action *de in rem verso* pourra être donnée même contre l'associé qui n'a pas profité. Voici l'hypothèse dans laquelle il faut se placer. Supposons qu'un esclave, appartenant à Primus et à Secundus, contracte une obligation qui tourne au profit de Primus. Si l'esclave a un pécule chez Secundus, cet associé pourra être poursuivi *de peculio*; et dans ce cas, le juge doit, ainsi que nous l'avons vu plus haut, estimer même le pécule que l'esclave a chez Primus. Cette affaire ayant profité à celui-ci , l'esclave est devenu son créancier, en vertu d'une *naturalis obligatio*, qui doit, suivant les principes généraux, être comprise dans l'estimation de ce second pécule. Secundus sera donc condamné jusqu'à concurrence, et du pécule qui se trouve chez lui, et du pécule dont Primus est propriétaire, y compris la créance naturelle de l'esclave, et par suite, il sera tenu même *de in rem verso*.

2° *L'intermédiaire est un tiers.*

Au cas où ce tiers joue le rôle d'*exercitor* ou d'*institor*, les règles sont les mêmes que lorsque le tiers est un esclave. Peu importe l'état social de l'intermédiaire : l'action est donnée *in solidum* contre chaque associé. (L. 1, § 4 et § 25, *de exercit ant*, D. 14, 2.)

Lorsqu'il y a mandat, les principes voulaient que le mandataire seule s'obligeât vis-à-vis des tiers. Mais bientôt le droit prétorien vint au secours du créancier, « In cum, dit « Papinien, qui mutuis pecuniis accipiendis procuratorem « præposuit, utilis ad exemplum institoriæ dabitur actio. » (L. 19, *de instit. act.* D. 14, 3). Et un autre texte (L. 13 § 25, de *act. empti*, D. 19, 1.), nous donne une nouvelle explication de ce principe en cas de vente, en nous disant que la vente faite *per procuratorem* établit entre l'acheteur et le *dominus, l'actio utilis empti et venditi.* De même encore ou un fidéjusseur a cautionné l'homme proposé à la banque, la Loi 10, § 5, *mandati*, D. 17, 1, lui donne une action utile quasi-institaire contre le *dominus*.

3° L'intermédiaire est l'un des associés.

Lorsque l'intermédiaire se trouve être un des associés, certains interprètes ont cru trouver dans un texte de Papinien, formant la loi 82, la preuve qu'un associé peut obliger ses co-associés. Le texte dont nous parlons est ainsi conçu : « Jure societatis ære alieno socius non obligatur, nisi in « communem aream pecuniæ versæ sint. » Cujas réfute cette opinion qui avait été soutenue par Balde. Pour déclarer quel est l'obligé, il ne faut pas rechercher, dit-il, où va l'argent, mais qui l'a emprunté, qui a contracté ; et il appuie son dire de l'autorité de Sénèque, *de beneficiis*, qui s'exprime ainsi : « Pecunia ab eo petitur, cui credita est, « quamvis illa ad me aliquo modo pervenerit, » Tout ce que cette loi signifie, c'est que le versement, dans la caisse

commune, de l'argent emprunté, fait naître entre les associés des obligations, et notamment « ut ejus pecuniæ repu-
« tationem alter socius admittat in distrahendà societate, quod
« nequaquam faciet, nisi pecuniæ versæ sint in aream
« communem societatis. » (Cujas Comm. in L. III, Respons.
Papin.) Une exception avait été faite « in argentariis sociis
« propter necessarium usum argentariorum et mensæ,
« propter utilitatem publicam. » L'opération faite par l'un
obligeait les autres vis-à-vis des tiers.

SECTION II. — *Effets de la solidarité entre les associés.*

Dans ce chapitre des rapports des associés avec les tiers,
il ne nous paraît pas sans intérêt de rechercher quels sont
les effets de la solidarité dans les différents cas où les associés sont tenus solidairement. Et, d'abord, est-il vrai de dire,
à propos des actions *institoria, exercitoria* et de *peculio,*
qu'elles ne peuvent pas être exercées *in solidum* contre chacun des associés, lorsque les autres seraient insolvables? La
Loi 14, D. *de Inst. act.* 14, 4, semblerait le dire : « Certè
« ubicumque actio *cessat;* quemque *pro parte suá* condem-
« nari oportere constat. » Mais il faut entendre le mot *cessat*
dans le sens non pas d'impossibilité matérielle d'exécution,
mais d'impossibilité juridique. Il ne s'agit pas de savoir si le
résultat cherché par l'action *pro socio* ou *communi dividundo*
sera nul, mais seulement si ces actions sont possibles en
droit. Tel est le cas où un homme aurait prêté une somme
d'argent à un esclave *institor,* puis après avoir affranchi
ledit esclave, serait mort, laissant deux héritiers. En ce cas,
le préteur aurait la *condictio certi,* provenant du *mutuum,*

contre les deux héritiers *pro-portione tantùm*. Et pourquoi pas *in solidum?* C'est que l'action *communi dividundo* est impossible entre les héritiers, puisque l'esclave n'est plus commun.

Quant au bénéfice de division, la Loi 47, D. *locatii conducti*, 19, 2, après avoir semblé l'admettre, déclare qu'en somme il vaut mieux donner au créancier une action pour le tout contre chacun des débiteurs solidaires, si le créancier consent à céder au débiteur attaqué son action contre les autres, *si suas actiones præstare non recuset*.

Au sujet de l'influence de la société sur les *correi debendi*, nous avons, en cas de confusion, la fameuse loi *Granius Antoninus* (L. 71, D. 46, 1), qui déclare que lorsque la confusion s'est produite entre le créancier et l'un des débiteurs solidaires, l'autre débiteur reste tenu de la dette entière, s'il n'y a pas société entre les codébiteurs ; car alors les *correi*, ne se devant aucune garantie, le créancier, en succédant à l'un, n'a altéré en aucune façon son droit contre l'autre. Mais, s'il y avait société entre eux, le débiteur restant pourrait dire au créancier qui l'attaque : Si, poursuivi par la *condictio* que vous intentez, je vous payais la somme entière, je pourrais immédiatement, en intentant contre vous l'action *pro socio*, vous forcer, en votre qualité de successeur de mon codébiteur associé, à me rembourser la moitié. Je vous oppose donc l'exception de dol, car *dolo facit qui petit quod statim redditurus est* (L. 8, p. D. *de doli mali et metus exceptione*), et je vous demande que la compensation soit faite pour la moitié et que je ne puisse être condamné envers vous qu'à l'autre moitié.

Quant à la compensation, la Loi 10, D. *de duobus reis*, 45, 2, nous permet d'induire par *à contrario* la distinction faite précédemment, entre le cas où les *correi* sont *socii* et celui où ils ne le sont pas. La Loi 10, en effet, est ainsi conçue : « Si duo rei promittendi socii non sint, non pro-« derit alteri, quod stipulator alteri reo pecuniam promise-« rit. » D'où résulte que, s'ils sont *socii*, la compensation pourra être opposée. Et cela s'explique aisément par le jeu de l'action *pro socio*. Si les *correi* étaient associés, celui qui n'a pas traité avec le créancier pourrait bénéficier de la créance de son codébiteur sur le créancier commun au moyen de son recours, tandis qu'en l'absence de tout lien de société, le *correus* attaqué ne peut rien réclamer à l'autre *correus* qui, seul alors, profite de la compensation.

L'effet de la société entre les *correi debendi* se fait encore remarquer dans le cas de remise de la dette, qui peut se faire de deux manières, ou par *acceptilatio* ou par un *pactum de non petendo*. Si les *correi* sont associés, le créancier devra faire *acceptilatio* s'il veut rendre complètement indemne le débiteur qu'il favorise, car l'*acceptilatio* seule porte sur la dette elle-même, la fait disparaître, « acceptilatione unius « obligatio tota solvitur (L. 2, D. *de duobus reis*, 45, 2). S'il ne faisait qu'un pacte de *non petendo* avec le débiteur qu'il veut décharger, l'autre débiteur, se trouvant ensuite attaqué, viendrait par l'action *pro socio* demander à être dégrevé d'une part de l'obligation par lui acquittée.

La même décision est adoptée par Julien dans un texte qui a trait au legs de libération fait à l'un des *correi* (L. 3 § 3, *de liberat. legatâ*, D. 34, 3). Si nous sommes deux *correi promittendi*, et que le testateur me lègue ma libération, dois-je demander à l'héritier de me faire une *acceptilatio* ? ou bien un pacte de *non petendo* suffit-il ? Pour exécuter fidèle-ment l'intention du testateur, il faut que le débiteur légataire soit certainement et complétement libéré ; mais il faut aussi ne pas aller au-delà des termes du legs. Si donc il n'y a pas de société entre les *correi*, je puis me contenter d'un pacte et laisser à l'hérédité ses droits sur mon *correus*. Mais si nous sommes associés, il faut, pour que la volonté du testateur produise à mon égard tout son effet, que l'héritier sacrifie complétement la créance par l'*acceptilatio* ; autrement, mon *correus* étant attaqué et forcé de payer, se retournera contre moi par l'action *pro socio* et me forcera à contribuer pour ma part.

CHAPITRE V.

De l'action pro socio.

Les contrats consensuels donnent habituellement naissance à deux actions, une *directa*, une *contraria* ; chacune d'elles a pour but de donner satisfaction aux obligations de diverse nature qui incombent à chaque partie. La société faisant naître pour tous des obligations identiques, il en résulte que l'action *pro socio* est, comme le disent les *Institutes*, § 2, IV, 16, *ab utráque parte directa*.

C'est par cette action que les associés règlent leurs comptes soit pendant l'existence, soit après la dissolution de la société. Mais ils ont en outre à leur disposition l'action *communi dividundo* qui est spécialement réservée au partage des choses indivises sans qu'il y ait à s'inquiéter de l'origine de l'indivision ; elle s'applique à la distribution des choses existant dans le patrimoine social et non aux créances résultant de la société, et c'est pourquoi sa formule est munie d'une quatrième partie, l'*adjudicatio*, qui permet au juge d'opérer selon les besoins, un transport de propriété. Toutefois, quant aux créances, si les associés procédaient au partage par l'action *communi dividundo*, le juge remplacerait l'*adjudicatio* par l'interposition de cautions, ainsi que le dit la Loi 25 § 10, D. *fam. ercisc.* 10, 2.

Une fois la société dissoute, les dépenses faites sur la chose commune par un associé ne peuvent plus être répétées par l'action *pro socio*. L'action *communi dividundo* est le seul moyen de recouvrement qui lui soit laissé (L. 65 § 13).

Ainsi donc, l'action *communi dividundo* diffère surtout de l'action *pro socio*, en ce qu'elle est attributive de propriété, en vertu de l'*adjudicatio*, tandis que l'action *pro socio* n'est que déclarative et ne saurait produire transfert de propriété.

A cette différence importante s'en joignent deux autres non moins graves et qui dérivent de la nature des deux actions. La société, étant un contrat *bonæ fidei* qui, de plus, comme le dit Ulpien, *jus quodammodó fraternitatis in se habet*, il en résulte qu'au point de vue pécuniaire, les rapports des associés sont moins stricts, tandis qu'au point de vue moral, les infractions à la règle du contrat ont plus de gravité. De là sont nés le bénéfice de compétence d'une part, et de l'autre, la note d'infamie. Rien de tel dans l'action *communi dividundo*.

L'édit du préteur, rapporté par Julius, (l. 1, D. 3, 2.) est formel sur la question d'infamie. « Pretoris verba dicunt : « Infamia notatur qui pro socio damnatus erit, » Et les Institutes de Justinius, § 2, 1, V, 16 disent de même : « In « quibusdem judiciis damnati ignominiosi fiunt, veluti pro

« socio. » Cette note d'infamie est réservée formellement à
l'associé seul ; son héritier ne peut être condamné en son
propre nom, parce qu'il ne succède pas à la société, mais
seulement aux dettes du défunt. (L. 6 § 6.) Qu'était-ce que
cette note d'infamie ? était-ce purement et simplement une
mauvaise note dans l'opinion publique ? Si l'on en croit
Cicéron (pro Roscio, 6) rien n'était plus grave : « Si qua
« enim sunt privata judicia summæ existimationis, et pene
« dicam *capitis*, tria hœc sunt fiduciæ, tutilæ, societatis. »

Comme conséquences pratiques, les jurisconsultes men-
tionnent la perte du *jus honorum*, c'est-à-dire l'aptitude aux
dignités et aux magistratures (L. 1, pr. D. 48,"7) et l'incapa-
cité de postuler pour autrui.

Quant au bénéfice de compétence, c'est-à-dire à la faculté
que laisse la loi au condamné de n'être tenu que *in id quod
facere potest.* il produit, avons-nous dit, un effet inverse que
celui que nous venons de voir. Au lieu d'aggraver la position
de l'associé attaqué, il l'améliore. Ce bénéfice, appelé on ne
sait pourquoi *beneficium competentiæ*, était fondé sur les
rapports existant entre les créanciers et débiteurs. Ainsi en
jouissaient le père poursuivi par son fils, (*Inst.* IV. 6 § 38.
— L. 16, D. 42, 1.) un patron par son apprenti, (L. 17, *eod.
tit.*) un donateur par le donataire, (L. 30, *eod. tit.*) le beau-
père à qui son gendre réclame sa dot, (L. 21 et 22, *eod. tit.*)
les époux entre eux, (L. 17, *eod. tit.*) les soldats d'une
manière générale, (L. L. 6 et 18, *eod. tit.*) le débiteur insol-
vable et de bonne foi qui a fait cession de biens. (L. 4, pr. D.
de cess. bon., 42, 3.)

Cette énumération des principaux cas où l'on rencontre
le bénéfice de compétence nous en montre bien l'origine, la
nature et le but. C'est un tempérament apporté aux rigueurs

du droit strict, non plus par l'équité, mais par la faveur que méritent les parties.

Sur cette question du bénéfice de compétence applicable à l'action *pro socio*, s'est élevée une difficulté tirée de deux lois d'Upien sur l'Edit.

Dans l'une, la Loi 63 pr. h. t., le jurisconsulte déclare que le bénéfice dont il s'agit intervient dans toutes les sociétés, que tel est l'avis de Sabinus, et qu'il le partage; dans l'autre, la Loi 16, *de re jud.* 42, 2, après avoir dit que ceux-là jouissent du bénéfice de compétence *qui pro socio conveniuntur*, il ajoute : « Socium autem omnium « bonorum accipiendum est. » Comment concilier ces deux affirmations qui paraissent se contredire ? A ce sujet Pothier (Pand. h. t. § 46) nous donne trois systèmes que cette difficulté avait déjà fait naître de son temps.

Deux de ces systèmes sont ceux que l'on retrouve toujours quand il s'agit de résoudre une difficulté de texte. L'un consiste à dire que les mots embarrassants ont été ajoutés par des commentateurs, des glossateurs inintelligents; l'autre, qu'Ulpien a fort bien pu avoir successivement, sur la même question, deux avis différents. Mais ces procédés, trop commodes d'explication, n'ont heureusement point satisfait tous les jurisconsultes, et le troisième système, rapporté par Pothier, comme étant l'œuvre de Schülting, nous paraît bien supérieur. Selon cet auteur, la loi qui énumère les espèces de sociétés où se rencontre le bénéfice de compétence, n'a pas cité les sociétés particulières parce qu'il y fait quelquefois défaut, les associés étant libres d'intenter une autre action que l'action *pro socio*.

Cependant cette solution, si ingénieuse qu'elle soit, est loin de satisfaire l'intelligence aussi complètement que celle

de M. de Vangerow. Le savant professeur, considérant que
d'après la Loi 22 § 1, *de re jud.*, le préteur s'était réservé de
n'accorder le bénéfice de compétence que *causâ cognitâ*,
part de là pour déclarer qu'il y a lieu pour toutes sociétés
d'examiner quelle est au juste l'importance du lien de
confraternité qui est nécessaire pour donner naissance au
bénéfice de compétence. Or, dit-il, dans la société de tous
biens, il n'y a pas de discussion possible; des personnes qui
ont confondu entièrement leurs patrimoines, sont dans des
rapports tels que le sentiment fraternel et non un pur intérêt
pécuniaire, a dû inspirer leur résolution.

Au contraire, quand la société est particulière, on comprend que la loi laisse au préteur le soin d'examiner s'il y a
bien réellement société, si l'associé qui réclame le bénéfice
ne s'est pas rendu coupable de dol, etc.

Quoiqu'il en ait pu être au temps d'Ulpien, nous devons dire qu'au temps de Justinien, si nous en croyons ses
Institutes, § 38, *de act.*, 4, 6, où le mot *socius* est pris dans son
acception la plus étendue, le bénéfice est accordé à tous les
associés, sans distinction.

Le bénéfice de compétence était-il absolument personnel à
l'associé? Oui, dit la Loi 63 § 1. Ni l'héritier, ni les débiteurs accessoires ne doivent en profiter. Ainsi le père ou le
maître poursuivi du chef du *filius familias* ou du *servus* par
l'actio pro socio quod jussu, ainsi que les fidéjusseurs poursuivis par *l'actio ex stipulatu* ne pourront l'invoquer. Mais si
ce n'est pas en leur qualité d'*accessoires*, si par exemple
l'associé les a constitué ses *procuratores*, rien ne s'oppose à
ce qu'ils en bénéficient comme l'associé lui-même; car alors
ils ne sont pas attaqués directement, mais au lieu et place de
l'associé lui-même.

Le bénéfice de compétence a une étendue plus ou moins grande, suivant les circonstances plus ou moins favorables à l'associé que révèlera la *causæ cognitio*. Ainsi « neganti se « socium esse aut ex doli clausula obligato non succurritur » dit la Loi 22 § 1, D. 42, 1, *de re judicatâ*. La simple faute au contraire n'empêche pas l'admission du bénéfice.

Mais comment déterminer au juste quelles sont les facultés de l'associé ? Doit-on examiner quel est son patrimoine brut, ou ne considérer que son actif net, déduction faite de ses dettes ? Marcellus est d'avis qu'il ne faut déduire que les dettes provenant *ex ipsa societate*. (L. 63 § 3.)

Concours de l'action pro socio *avec d'autres actions.*

Nous avons dit, au commencement de ce chapitre, que les associés avaient à leur disposition, outre l'action spéciale, *pro socio*, l'action générale de partage *communi dividundo*. La Loi 43, h. t., nous édifie sur le rôle exact de chacune d'elles, en nous disant que l'action *pro socio nominum rationem habet et adjudicationem non admittit*. Ce que l'associé ne pourra obtenir par l'une, il l'obtiendra très-bien par l'autre, et c'est en cé sens qu'on peut dire qu'elles se cumulent et peuvent être exercées l'une après l'autre. Mais quand le but sera le même et pourra être atteint par l'une ou l'autre indifféremment, quand, par exemple, il s'agira, pour chaque associé, de se faire rembourser les dépenses faites *in res communes*, ou de demander sa part dans les fruits d'une chose commune, il sera vrai de dire avec la Loi 38 § 1 : *alterá actione alteram tolli*. L'emploi de l'une rendra vaine et impossible celui de l'autre.

Ce n'est pas la seule hypothèse où l'action *pro socio* puisse concourir avec une autre. L'on comprend, en effet, que rien n'empêche les obligations contractées par un associé, pendant la société, d'être munies de leurs actions respectives. Mais, comme le dit M. Maynz, II, 238 : « Le concours formel « de l'action *pro socio* avec d'autres actions n'a lieu que « lorsque la cause qui donne lieu à l'action spéciale est pos- « térieure à la conclusion du contrat de société ; car, si elle « dérive du contrat même, elle est absorbée par l'action « *pro socio* et ne peut donner lieu à une action spéciale. » Nous allons examiner comment se comportent les actions les plus importantes en concours avec l'action *pro socio*.

ACTION EX STIPULATU. — La Loi 71, tirée du Digeste d'Alfénus, suppose une société formée entre deux grammairiens pour l'enseignement de leur science et le partage des gains de leur profession. Les clauses de la société étant arrêtées, ils conviennent en outre que celui d'entre eux qui y contreviendra donnera à l'autre vingt mille livres. Cette convention se forme par stipulation. En cet état, supposons que la contravention prévue se produise. Est-ce par l'action *pro socio* ou par l'action *ex stipulatu* qu'il faut agir ? Alfénus répond que s'il y avait eu novation, si toute la convention avait été l'objet d'une stipulation, l'action *pro socio* serait impossible. Mais comme la stipulation n'a porté que sur la peine, l'action *pro socio* subsiste tout entière et suffit pour obtenir l'exécution du contrat. L'action *ex stipulatu* sera également à la disposition de l'associé, mais il devra choisir entre les deux.

ACTION VENDITI. — Il est hors de doute que l'action *venditi* peut se trouver en concours avec l'action *pro socio* ; la Loi 69 est formelle sur ce point. Mais ce qui est plus obscur, c'est le sens de cette loi. Nos plus grands interprètes ont confessé leur embarras à son sujet et en ont donné des explications absolument différentes. N'ayant pas la prétention de terminer le différend, nous nous contenterons de faire connaître les deux principales opinions qui se sont produites. Et, tout d'abord, voyons le texte :

« Cùm societas ad emendum coiretur, et conveniret ut
« unus reliquis nundinas, id est epulas præstaret, eosque a
« negotio dimitteret : si eas eis non solveret, et *pro socio* et *ex*
« *vendito* agendum est. »

Cujas, d'après Accurse, donne de cette loi *(Observ.*, liv. XIII, ch. 17) l'interprétation suivante : Trois marchands se sont associés, et il est convenu que, pendant que deux d'entre eux feront les voyages nécessaires aux achats, le troisième sera chargé d'héberger les marchands qui viendront à Rome. Tertius manque à son engagement; il sera actionné d'abord par ses coassociés au moyen de l'action *pro socio*, comme ayant manqué aux clauses du contrat ; puis, par le marchand, au moyen de l'action *venditi*, pour n'avoir pas rempli la promesse que Primus et Secundus lui avaient faite en concluant la vente.

Pothier, suivant l'opinion de Janus à Costa, repousse cette interprétation, et suppose que l'espèce prévue par la loi est celle-ci : Trois marchands, dont deux anciens et plus habiles, et un troisième encore novice, ont formé une société pour faire certains achats; les deux premiers ont stipulé que le troisième les défraierait de ce qui aurait été payé pour *vin de marché*. Le mot *epulæ* peut encore être pris dans un sens plus étendu pour toute la dépense de nourriture des deux premiers marchands, pendant tout le temps qu'ils voyageaient à l'effet d'acheter des marchandises. Ulpien dit qu'ils ont contre l'autre l'action de la société et de la vente. Et pourquoi ont-ils les deux actions? Parce que les deux anciens marchands ne peuvent intenter l'action de la société que pour les deux tiers des dépenses personnelles, dont chacun devait un tiers; or, comme il n'a point été question du tiers que le novice devait payer pour lui personnellement, les deux anciens qui ont volontairement payé pour lui, ne peuvent pas réclamer son tiers par l'action *pro socio*, mais ils l'obtiendront par l'action de la vente que leur cédera le vendeur, envers lequel il en était tenu, ou par une action utile de la vente, si cette cession n'est pas intervenue.

Entre ces deux explications, laquelle adopter? Je crois que celle de Pothier est plus naturelle ; l'hypothèse de Cujas, qui considère les frais de nourriture comme faits pour les clients de la société venant à Rome, nous paraît forcée, et on peut lui objecter qu'il ne se met pas dans le cas prévu par la loi, puisqu'il suppose l'action de la vente appartenant à l'acheteur seul, et non aux associés ; ce qui fait disparaître le concours d'actions dans la même personne.

Le système de Pothier n'est pas non plus à l'abri de toute critique. Aussi, un jurisconsulte plus moderne, Glück, ne s'en contentant pas, a-t-il essayé de donner une autre explication de cette loi difficile. D'après Glück, il faut supposer que l'un des marchands a, par une clause spéciale, le droit exorbitant de pouvoir conserver l'entreprise pour son compte, en désintéressant complétement ses associés même des frais d'auberge qu'ils ont faits. S'il prétend invoquer cette clause et que, cependant, il ne paie pas, le remboursement sera poursuivi au choix par l'action *pro socio* ou par l'action *ven-*

diti. Les associés ont, en effet, vendu leur part moyennant restitution de leurs déboursés.

Cette explication est simple et logique ; mais qui pourrait affirmer qu'elle rend l'idée d'Ulpien ? Nous n'aurons point la témérité de le faire, et nous nous contenterons de la donner pour ce qu'elle vaut, sans nous prononcer.

ACTION LOCATI CONDUCTI, MANDATI, ETC. — On comprend aisément qu'un associé peut louer à la société son immeuble pour faire un magasin : recevoir un mandat, etc. Il aura au choix l'action spéciale *locati*, *mandati*, etc., ou l'action générale *pro socio*.

CONDICTIO EX LEGE. — La Loi 52 § 10, nous donne un exemple du concours de l'action *pro socio* avec la *condictio ex lege*. Lorsque l'un des associés avait fait réparer un immeuble de la société menaçant ruine, il avait, d'après une constitution de Marc-Aurèle, le droit de prendre pour lui la chose au bout de quatre mois, ou pendant ce temps d'exiger l'intérêt de ce qu'il avait dépensé. Mais s'il aime mieux employer l'action *pro socio*, rien ne s'y oppose, et son intérêt peut lui conseiller l'emploi de cette dernière action qui lui fera obtenir non plus les intérêts légaux, mais *quod suâ intererat*. L'avantage particulier à la *condictio* est le privilége donné au reconstructeur sur les autres créanciers. Ce sera donc à lui à examiner ce qui lui est le plus avantageux, et à n'employer l'une des actions qu'après avoir complétement renoncé à l'autre : car elles ne se cumulent pas.

CONDICTIO FURTIVA. — Il faut supposer qu'un associé a volé une chose de la société ; le voilà sous le coup des actions qui régissent le *furtum* : *actio furti* au double ou au quadruple ; *rei vindicatio*, et enfin, par dérogation aux principes généraux, *condictio furtiva*. Comme associé, il reste toujours tenu de l'action *pro socio* ; mais l'emploi de l'une empêchera l'emploi de l'autre. La Loi 47 pr. dit en effet : « Si ex causâ fur- « tivâ condixero, cessabit pro socio actio ; nisi pluris meâ « intersit. » Par la *condictio furtiva*, « id venire in condictio- « nem certum est, quod intersit agentis, » dit la Loi 3, D., 13, 1 ; ainsi, le vol d'un esclave institué héritier permettra au demandeur de réclamer la valeur de la succession dans le cas de mort de l'esclave institué. Ainsi encore, quand il est question de savoir à quel temps il faut se reporter pour fixer la valeur de la chose à restituer, « placet id tempus « spectandum, quo res unquàm plurimi fuit (L. 8 § 1, *de condict. furt.*). Enfin, cette action comprend aussi la restitution des fruits (L. 8, § 2, *de cond. furt.*).

On comprend donc que la Loi 47, h. t., déclare que l'action *pro socio* n'est plus en vigueur quand la *condictio* a été employée. Celle-ci, en effet, doit en général conférer au demandeur des avantages tels que l'emploi de toute autre devient inutile. Cependant, comme les deux condamnations à intervenir ne sont pas identiques, l'associé qui pense avoir quelque intérêt à intenter encore l'action *pro socio* après la *condictio* peut le faire, sauf à déduire de la condamnation ce qu'il avait obtenu par la première.

ACTIONS PÉNALES. — Outre la *condictio furtiva*, la victime d'un *furtum* a encore contre le voleur une action pénale qu'on appelle l'action *furti* : *furti actio tantùm ad pænæ persecutionem pertinet*. Elle est donnée au double ou au quadruple ; dans l'ancien droit, elle pouvait être donnée au triple. Ce qui veut dire que la plus haute valeur atteinte par la chose depuis le jour du vol est multipliée par deux ou quatre.

Que l'associé se rende coupable d'un vol, il sera soumis à l'action *pro socio*, qui lui fera payer *id quod interest*; de plus, l'action *furti* sera valablement intentée contre lui; *nec altera actio alteram tollit*, dit la Loi 45. Il y a, dans ce cas, concours des deux actions.

Mais si l'action pénale est mixte, c'est-à-dire tend à la fois à faire rentrer la chose ou son prix dans le patrimoine du demandeur, et en outre, à l'enrichir, elle se confond en partie avec l'action *pro socio*, en sorte que si celle-ci a déjà été intentée et a fait obtenir la réparation du préjudice causé, l'action mixte ne pourra plus être intentée que pour le surplus. C'est ce que dit la Loi 41 § 1, D. 44, 7 : « Si ex « eodem facto duæ competant actiones, posteà judicis po- « tiùs partes esse, ut quo plus sit in reliquà actione, id actor « ferat. » Si, au contraire, l'action *pro socio* est plus avanta- geuse, ce qui peut arriver par exemple si l'associé est mort et que ses héritiers soient seuls en cause, on pourra, après avoir employé l'action mixte, recourir à l'action *rei perse- cutoria*.

CHAPITRE VI.

Dissolution de la société.

Les jurisconsultes romains ne s'entendent pas pour donner une énumération méthodique des causes de dissolution de la société. Modestin (L. 4 § 1) nous dit : « Dissociamur renuncia-

» tione, morte. capitis minutione et egestate. « Les *Institutes*
de Justinien ajoutent à la renonciation et à la mort la fin de
l'entreprise, la *publicatio* et la *bonorum cessio*. Ulpien (L. 63
§ 10), essayant une classification plus scientifique, dit que la
société se dissout *ex personis, ex rebus, ex voluntate, ex actione*. Ce désaccord de forme, plus encore que de fond, n'a
rien qui doive nous surprendre. Il importe fort peu en effet
de déterminer dans un ordre, plutôt que dans un autre, les
causes de dissolution de la société ; l'essentiel est d'en indiquer exactement les effets et les conséquences. Aussi, nous
contenterons-nous de diviser en deux catégories les modes
d'extinction dont il s'agit. Comme il s'agit d'un contrat,
c'est-à-dire d'un lien de droit formé par la volonté des parties, nous examinerons d'abord l'effet de cette volonté sur
sa propre création, puis nous verrons les causes qui pro-
viennent d'un fait accidentel.

I. — Causes volontaires.

1° La première cause volontaire de dissolution qui se présente tout naturellement à l'esprit est le *mutuel dissentiment*.
Le lien que nous avons formé, nous le brisons ; rien de
plus logique, « quoniam consensu nudo contrahi potest,
« etiam dissensu contrario dissolvi potest (L. 80, D. 46, 3). »

Il en est ainsi du reste, nous disent les *Institutes* (L. III,
29 § 4, *Quibus modis obligatio tollitur*) dans tous les contrats
qui ex consensu descendunt. Ce mode de dissolution peut
même être tacite, s'induire des faits, de la conduite des associés les uns vis-à-vis des autres ; c'est ce qui arrivera, nous
dit le jurisconsulte Callistrate (L. 64), *quùm separatim socii
agere cœperint, et unusquisque eorum sibi negotietur*.

2° Après le dissentiment, la *renonciation* d'un seul ou de plusieurs associés. Ce n'est plus qu'un dissentiment partiel. Sur ce point, il faut distinguer les sociétés à durée indéterminée et les sociétés à terme fixe.

Dans le premier cas, nous avons à appliquer les règles que notre article 1869 du Code civil a consacrées ; la renonciation d'un seul des associés suffit pour mettre fin à la société, pourvu que cette renonciation soit *de bonne foi*, *non faite à contre temps* et *notifiée* à tous les associés. Si l'associé renonçant avait voulu commettre une fraude au préjudice des autres. Cassius dit : « Eum quidem à se libe-« rare socios suos, se autem ab illis non liberare (L. 65 § 3). Ainsi, lorsque dans une société de tous biens, un associé renoncerait dans le temps où il se trouverait appelé à une succession, afin de n'être pas obligé d'en faire part aux autres, l'application de la règle donnée par Cassius nous conduit à décider que si la succession est onéreuse, l'associé renonçant en souffrira seul ; si elle est avantageuse, il devra communiquer ses profits à ses associés. Mais, comme disent les *Institutes* (§ 4, h. t.), « si quid aliud lucrifaciat quod non capta-« verit, ad ipsum solum pertinet. » L'obligation de partage imposé à l'associé renonçant s'applique seulement aux biens qu'il avait en vue. De même au cas où deux personnes se seraient associées pour acheter une chose ; si l'une d'elles vient à renoncer, il faut rechercher quel motif l'a inspirée. Si elle a voulu seulement se débarrasser de son associé pour faire à son compte personnel un marché qu'elle jugeait avantageux, elle sera condamnée à indemniser son associé de l'intérêt qu'avait celui-ci à acquérir une portion de la chose ; si, au contraire, elle n'a voulu que rompre une alliance qui ne lui paraissait pas sûre ; si le marché projeté lui déplaisait, sa renonciation ne lui impose aucune charge (L. 65 § 4).

Pour être exempt de reproche, l'associé doit non-seulement s'abstenir de tout dommage volontaire, mais il doit encore faire en sorte que sa renonciation ne soit pas intempestive.

Autrement, dit Labéon (L. 65 § 5), il serait soumis à l'action *pro socio*, ce qui arriverait, par exemple si deux personnes s'étant associées pour le commerce des esclaves, l'une d'elle voulait renoncer à un moment défavorable à la liquidation; mais, d'après Proculus, il ne suffit pas que les intérêts du coassocié seul soient lésés; il faut que la société elle-même soit intéressée à ce qu'elle ne soit pas résolue dans ces circonstances : « Semper enim non id quod privatim interest unius « ex sociis, servari solet, sed quod societati expedit. »

Quant à la publicité exigée par l'art. 1869 de notre Code français, qui veut que la renonciation soit portée à la connaissance de tous, nous pouvons conclure de certains textes de notre titre, que cette règle était également obligatoire en droit romain. Ainsi la loi 17 § 1, considère comme non existante la renonciation faite en l'absence d'un associé. Jusqu'à ce que l'absent ait eu connaissance de cette renonciation, les acquisitions faites par celui qui a renoncé restent dans la société et il supporte seul les pertes qu'il fait. D'autre part, la loi 65 § 7, indique bien qu'il faut signifier la renonciation, quisqu'elle déclare que la signification peut être faite au procureur des autres associés.

Réciproquement un *procurator* peut faire une renonciation valable. Mais toute procuration donne-t-elle à celui qui en est muni le pouvoir de renoncer? Un pouvoir d'administration général suffit-il ou faut-il que le droit de renoncer soit spécialement mentionné? Paul estime que toutes deux sont

valables et que pour enlever le droit de renoncer à l'administrateur général, il faut une clause expresse du maître.
(L. 65 § 7.)

Quand un associé était *furiosus*, devait-on permettre à son
curateur de dissoudre la société ? Les anciens jurisconsultes
hésitaient sur ce point, et leur doute se comprend ; l'intervention d'un tiers dans un contrat qui est éminemment
formé *intuitu personæ*, pouvait à bon droit paraître contraire
aux principes. Justinien tranche la question dans le sens de
l'affirmative : « Licentiam habere furiosi curatorem
« dissolvere societatem furiosi et sociis licere ei renunciare.
(L. 7, C. IV, 37). »

Si la société est à terme fixe, c'est-à-dire s'il a été
convenu que la chose commune ne serait point partagée
avant une certaine époque, cette convention ne signifie
point que les associés ne pourront se séparer avant l'arrivée du terme, mais elle a pour effet de ne permettre
la renonciation que si les conditions sous lesquelles a
été contractée la société ne sont pas remplies, ou si le
renonçant a tellement à souffrir dans sa personne ou dans
ses biens de la part de son co-associé, qu'il ne puisse plus
le supporter sans dommages, « ita injuriosus et damnosus
sit ut non expediat pati. » (L. 15.) Les textes nous donnent
encore, comme pouvant légitimer une renonciation, l'impossibilité de jouir de la chose en contemplation de laquelle
la société a été contractée (L. 15), et l'absence d'un associé
pour le service de la République.

Si au pacte *ne dividat* dont nous venons de parler, était
joint le pacte *ne abeatur*, c'est-à-dire si, non contents de
décider que les choses resteraient communes, les associés
s'engageaient à ne pas renoncer avant un certain délai, quel

serait l'effet de cette clause ? Pomponius dit qu'il est nul, car, à moins de causes légitimes que nous avons signalées, la société est déjà indissoluble ; d'autre part, quand se rencontrent ces justes motifs de dissolution, le pacte *ne abeatur* ne peut prévaloir contre eux. On suppose avec raison que si l'associé a accepté cette clause, il ne prévoyait pas les désagréments considérables énumérés par la loi. Le rendre victime de sa trop grande confiance dans son associé, serait violer la règle : « In communione vel societate nemo com- « pellitur invitus detineri (L. 4, C. III, 37.) »

Le pacte *ne dividat* n'a pas pour effet d'immobiliser absolument le bien social ; la vente en pourra être faite, mais alors l'acheteur, succédant à l'obligation de son vendeur, serait repoussé par une exception dans le cas où il voudrait provoquer un partage.

En l'absence de tout motif de renonciation, un associé qui renonce *socium à se non se a socio liberat*, dit Paul en son langage expressif, (L. 65 § 6.) c'est-à-dire que tenu de supporter sa part dans la perte faite depuis sa renonciation, il n'a plus de part au gain.

3. Le *terme* dont nous venons de parler n'est pas *jure civili* une cause d'extinction des obligations. Aussi la Loi 65 § 6 qui s'en occupe, ne dit-elle pas comme l'article 1865 du Code français, que la société finit par l'expiration du temps pour lequel elle a été contractée, mais seulement que les renonciations postérieures sont permises. « Si tempus finitum « est liberum est recedere, quia sine dolo id fiat. »

II. — Causes indépendantes de la volonté des parties.

1. La *mort* d'un associé devait nécessairement être une cause de dissolution dans un contrat formé surtout *intuite*

personæ. Celui qui prend un associé, *certam personam sibi eligit* disent les Inst. III, 25 § 5, et le législateur ne devait pas supposer que la disparition d'un associé, même dans une société nombreuse, était insignifiante. Seulement il a permis aux parties de protester contre cette présomption et de déclarer dans le contrat initial que la société continuerait entre les survivants. Mais il ne pourrait être stipulé que l'héritier d'un associé le remplacerait. (L. 59.)

Cette prohibition s'explique par l'impuissance où est l'associé de savoir quel sera son héritier. Sera-ce son plus proche parent au moment de la création de la société ? Mais s'il vient à changer d'avis, s'il veut se donner une succession testamentaire, il en serait donc empêché ? or un citoyen ne peut renoncer au droit de tester ; pourrait-il alors désigner son successeur ? Ce serait un acte de dernière volonté qui serait nul ; un héritier ne peut être institué dans un contrat, mais seulement dans un testament *jure perfectum*. Cette théorie est résumée dans ces paroles de Papinien, rapportées par Paul : (L. 53 § 5) « Nec libertatem de supremis judiciis « constringere quis poterit, vel cognatum ulteriorem « proximioribus præferre. »

Malgré cette prohibition, il peut se faire qu'après la mort d'un associé, son héritier continue à faire partie de la société. Il faudra alors examiner les circonstances de fait pour savoir si les associés survivants ont eu l'intention de former une nouvelle société avec l'héritier du défunt, ce qui est parfaite- ment licite, *novo consensu*, dit la Loi 37. Il peut être au contraire prouvé que l'héritier a seulement voulu terminer une affaire commencée par son auteur, et se conformer ainsi à l'obligation imposée par la Loi 40. « Ea quæ heredem « inchoata sunt, per heredem explicari debent. » Alors, il y a lieu de procéder à la liquidation ; l'héritier ne sera tenu d'aucune des charges qui résulteraient des opérations postérieures au décès de son auteur ; mais il est responsable de son dol et de sa faute grave ; quant aux conséquences d'un acte dommageable ou d'une négligence imputable à son auteur, il doit les subir ; les associés ont contre lui l'action *pro socio*. « Dolus et culpa in eo quod ex ante gesto pendet, « tam ab herede quam heredi præstandum est. » (L. 65 § 9.)

Nous avons vu plus haut que les sociétés *vectigalium* échappent à ce mode de dissolution. Elles continuent entre les survivants, sans qu'il y ait besoin de convention particulière, et, de plus, l'adjonction de l'héritier est permise, mais à la condition que la part de son auteur lui ait été assignée ; il ne devient associé remplaçant que s'il a été *adscitus* (L. 63 § 8.)

2. La Loi 62 § 10 assimile la *capitis deminutio maxima et media* à la mort naturelle, au point de vue de l'effet produit sur la personne civile de l'associé. M. Machelard nous dit dans son Traité des Obligations naturelles : « Les obligations qui pesaient sur la personne frappée de *capitis minutio* s'éteignaient en même temps, à raison de cette idée, que l'obligation, constituant un rapport de personne à personne, ne pouvait subsister, quand l'un des sujets de ce rapport avait disparu. » La *maxima capitis deminutio*, qui avait pour effet de priver à la fois de la cité et de la liberté, faisait passer l'ensemble du patrimoine actif et passif au maître de l'ex-associé ; il était alors *loco heredis*, dans la position où nous avons vu plus haut l'héritier ordinaire. Quant à la *media*, qui frappait le déporté, elle ne le dépouillait pas aussi complètement de tous ses droits que la *maxima* ; en effet, la société étant du droit naturel, un pérégrin peut fort bien en

être membre. Ainsi, les anciens associés du déporté auront la faculté de contracter avec lui une nouvelle société.

La *minima capitis deminutio*, qu'elle fut le résultat d'une émancipation ou d'une abrogation, n'était pas une cause de dissolution de la société. Ainsi, je suppose qu'un fils de famille se soit associé avec une personne *sui juris*. Après son émancipation, il continue à rester en société. Y a-t-il société nouvelle, ou continuation de la société ancienne ? Julien (L. 58 § 2) décide que c'est la société ancienne qui subsiste. Mais cette société donne lieu à deux actions : une contre le père, qui sera intentée à raison des faits antérieurs à l'émancipation : ce sera, suivant les cas, l'action *pro socio, quod jussu* ou *de peculio* ; l'autre, contre le fils ; et on pourra l'intenter, tant à raison des opérations antérieures à l'émancipation, qu'à raison de celles qui ont suivi le changement d'état du fils ; car un fils de famille, à la différence d'un esclave, s'oblige civilement en contractant avec des étrangers, Si c'est l'associé du fils contre lequel l'action *pro socio* doit être intentée, par exemple, parce qu'il s'est rendu coupable de dol, ce sera le père qui aura l'action, si la créance est née avant l'émancipation ; si elle n'a pris naissance qu'après, le fils l'a acquise et peut l'exercer pour lui-même.

Si un associé *sui juris* se donne en adrogation, la société ne cesse pas pour cela d'exister. L'adrogé reste associé et l'adrogeant ne prend pas sa place. Paul nous en donne la raison (L. 65 § 11) : c'est que personne n'est tenu de rester associé avec quelqu'un qu'il n'a pas choisi ; or telle serait la position de l'adrogeant ; pas plus que les héritiers d'un associé défunt, il n'a le droit de se substituer aux relations personnelles existant entre l'adrogé et ses associés.

L'adrogé, en passant sous la puissance paternelle de

l'adrogeant, se trouve, conformément aux principes rigoureux du droit civil, libéré des dettes par lui contractées vis-
à-vis de ses coassociés. Mais le préteur vient à leur secours ;
il les restitue *in integrum* contre les effets de la *capitis deminutio* et leur donne une action utile contre l'adrogé lui-
même ; puis, si l'adrogeant ne vient pas défendre l'adrogé, il
les envoie en possession de tous les biens qui auraient constitué le patrimoine de ce dernier, s'il fût resté *sui juris*.
(Gaius III § 84 et IV § 38.)

Les associés de l'adrogé ne pourraient-ils pas poursuivre
directement l'adrogeant par l'action *de peculio*? C'était là une
question débattue entre les deux écoles rivales des jurescon-
sultes. Les Proculiens s'étaient prononcés dans le sens de
l'affirmative, les Sabiniens dans le sens de la négative. Ulpien,
qui nous rapporte cette controverse, avait adopté l'opinion
des Proculiens.

3. *Dissolution de la société par la publicatio.* — Gaius nous
apprend (Comm. III § 154) que l'on assimilait, au cas de
mort ou de *capitis deminutio* d'un associé, le cas où ses biens
étaient vendus en bloc, soit *publicè*, c'est-à-dire sur la poursuite du trésor public, soit *privatim*, c'est-à-dire sur la
poursuite de créanciers privés. Dans le premier cas, on
disait qu'il y avait *bonorum sectio*, dans le second, *bonorum
venditio*. Sous Justinien, ces modes de vente publique furent
remplacés par la *distractio bonorum*, vente partielle de tous
les biens, qui n'était plus un mode d'acquisition à titre
universel, mais qui, au point de vue de notre sujet, produi-
sait les mêmes effets.

4. *Dissolution de la société egestate.* — La pauvreté de
l'associé était encore considérée par les Romains, comme une
cause de dissolution de la société, Labéon cite, à titre

d'exemple, le cas où les biens de l'un des associés sont vendus par ses créanciers (L. 65 § 1 et Inst. § 8, h. t.), de sorte que ce mode se confond souvent avec le précédent.

5. *Dissolution de la société par l'aliénation d'un esclave associé.* — Paul, dans la loi 58 § 3 de notre titre, suppose qu'un maître a permis à son esclave de s'associer avec Titius. Il vend cet esclave ; la société primitive est dissoute , et il ne peut être question que d'une nouvelle société, si le nouveau maître y consent. Que deviennent alors les rapports de droit, créances et obligations qu'avait engendrés la société dans laquelle l'esclave était partie avant son aliénation ? Ulpien nous dit que les dettes dérivant de la société dissoute doivent être poursuivies, *de peculio* bien entendu, contre le premier maître ou contre le second, suivant que le pécule est entre les mains de l'un ou de l'autre. Mais, dans l'un et l'autre cas, l'action *de peculio* ne s'exercera contre l'ancien maître que pendant une année utile à partir de l'aliénation (L. 1. Quandò de peculio.)

6. *Dissolution de la société ex rebus.* — Sous cette rubrique donnée par Ulpien, nous rangerons plusieurs causes de dissolution qui ont entre elles une grande analogie :

Survenance d'un évènement qui ne permet plus d'atteindre le but proposé. Supposons, par exemple, qu'une loi vienne prohiber le genre d'opérations auxquelles se livraient les associés.

Achévement de l'entreprise, dans la société *negociationis alicujus*. (L. 65 § 10.)

Perte ou mise hors du commerce du fonds social. Dans ce cas, la société est particulière , la dissolution est forcée ; les associés pourront bien , en faisant de nouveaux apports, recommencer leurs opérations communes ; mais ils auront formé une société nouvelle. La société universelle de tous biens, ayant encore l'espoir des biens à venir, et la société de tous gains, ayant toujours l'industrie des associés, échappent à cette cause de dissolution.

La société peut même être dissoute par la perte d'une seule chose, si cette chose a été promise en jouissance ; il y avait, en effet, promesse d'un apport successif qui n'a pu être remplie et qui fait perdre à l'associé les droits correspondant à son obligation. Si la chose était apportée en toute propriété, elle s'est trouvée aux risques de la société et a péri pour son compte ; les rapports des associés restent intacts.

7. *En dernier lieu, la société peut être dissoute ex actione.* — Voici, à cet égard, ce que nous dit Paul : « Actione distra- « hitur quum aut *stipulatione* aut *judicio* mutata sit causa « societatis. » (L. 65 pr.) Ainsi, la société est dissoute *ex actione :* 1° Quand les associés ont nové toutes leurs obligations respectives au moyen d'une stipulation. De ce moment, en effet, les associés cessent de pouvoir agir les uns contre les autres *pro socio*, et cette novation prouve leur intention de ne plus rester en société, Nous rappelons à ce sujet la Loi 71, où nous avons vu qu'il faut distinguer avec soin le cas où les parties ont voulu adjoindre au contrat une clause pénale, au moyen d'une stipulation d'une portée restreinte, ne faisant pas disparaître l'action *pro socio*, et le cas où elles ont voulu déduire dans la stipulation l'objet du contrat. Dans ce dernier cas seulement, il y a novation.

2° Quant à la dissolution de la société *judicio*, Paul veut parler de l'*actio pro socio generalis*, par laquelle les associés se demandent un compte général de leurs gestions respectives. Ils agiront désormais en vertu de la formule délivrée par le magistrat, tandis que s'ils avaient renoncé, leurs obligations auraient toujours pour cause le contrat de société. Ces deux modes de dissolution ne se confondent donc pas.

CHAPITRE VII.

Effets de la dissolution de la société.

La dissolution nécessite le partage, la liquidation de la masse sociale. Mais pour connaître ce patrimoine, deux opérations préalables sont indispensables. Ce sont : 1° le paiement par chacun des associés de ce qu'il doit à la société; 2° les reprises qu'il a le droit d'exercer sur le patrimoine commun.

Cette dernière catégorie comprend notamment les prélèvements qui ont pour objet la dot de la femme de chacun des associés, les dépenses faites pour le compte de la société, les pertes subies *propter societatem*, les acquisitions faites par l'esclave commun, *ex re alterius dominorum*. Quant aux dettes contractées par l'un des associés qui s'est obligé seul, vis-à-vis d'un tiers, pour le compte de la société, si la dette est à terme ou à condition et que la condition ne soit pas encore réalisée, ou si le terme est échu au moment de la dissolution, l'associé ne peut élever la prétention de faire déduire à son profit du fonds commun la somme nécessaire pour payer la dette; il suffit à sa sûreté que ses coassociés lui donne caution de l'indemniser lorsqu'il aura satisfait à l'obligation. (LL. 27, 28.)

La masse une fois déterminée, voyons comment se répartiront les mises, les bénéfices et les pertes?

Quand il y a eu mise en commun *quoad usum*, comme disent les interprètes, c'est-à-dire, quant à la jouissance seulement, chaque associé prélève son rapport tel qu'il l'a fait. S'il y a eu mise en commun *quoad sortem*, c'est-à-dire quant à la propriété, le fonds social se partage d'une manière absolument égale, *œquis ex partibus*, malgré l'inégalité des rapports. (L. 29, L. t. Gaius, III § 150.)

Il est donc très important de savoir dans quels cas il y a *societas quoad usum*, dans quels cas *societas quoad sortem*. Nous ferons remarquer, tout d'abord, que cette question ne ne peut surgir ni à propos de la *societas universorum bonorum*, ni à propos de la *societas universorum quæ in quæstu veniunt*. En effet, dans la première, les coassociés sont certainement copropriétaires de leurs apports présents et futurs; dans la seconde, il n'y a que des bénéfices à répartir.

Dans le cas d'une société particulière, nous n'avons pas de difficulté si les apports sont de même nature. Tous les corps certains restent propres, toutes les choses fongibles deviennent communes; mais si l'apport de l'un consiste en une somme d'argent, celui de l'autre dans son industrie, la solution de la question est très-débattue et a donné naissance à trois systèmes qu'il convient de rappeler.

Voët (*Comment. ad.* § 2, Inst. h. t.) est d'avis que la somme a été communiquée *quoad sortem*; en conséquence, à la dissolution de la société, elle se partagera par portions égales avec l'associé dont l'apport consiste en industrie. Mais les lois visées par Voët (Inst. § 2 et L. '52 § 2 Dig.) ont trait au partage des bénéfices et non des mises; les Institutes parlent de *lucrum commune*; quant au § 52 § 2, nous avons

vu que les mots sur lesquels on s'appuie « quia pretum
« operæ artis est velamentum » ont soulevé non-seulement des difficultés d'interprétation, mais encore des doutes
sur l'exactitude du texte; ils ne peuvent donc servir d'argument, et si nous en sommes réduits à résoudre la question
par des raisons d'équité, ne devons-nous pas penser que s'il
est vrai que l'associé industriel perdra les profits qu'il aurait
pu tirer de son travail, l'associé capitaliste, de son côté,
perdra l'intérêt de son argent et, par conséquent, ne serait-
il pas souverainement injuste, au cas où la société aurait été
mauvaise, de faire perdre en outre à celui-ci la moitié de son
capital?

Dans un deuxième système, soutenu par Vinnius (*Com-
ment. ad.*, § 2, *Inst.*, h. t.) et Grotius (*de jure pacis et belli*,
L. II, cap. 12 § 24), on distingue en fait si l'industrie vaut
ou non l'argent. Dans le premier cas, il y aura société *quoad
sortem ;* dans le second, société *quoad usum.*

Cette solution serait peut-être plus équitable encore que la
précédente, mais elle ne peut invoquer aucun texte en sa
faveur, et pour l'appliquer, il faudrait inventer un tarif d'ap-
préciation dont il n'y a pas trace au *Digeste.*

Le troisième système auquel nous nous rallions, consiste
à dire qu'en dehors de toute convention, le capital n'est
censé mis en société que *quoad usum* (Donnellus, *Comm.
ad. l. 1*, c. h. t. Glück, *Comm. ad Pand.*, t. XV). A défaut de
raisons décisives, nous aurions toujours, pour couvrir notre
interprétation, la Loi 34, D. *de Reg. juris* (50, 17) : *In dubio
id quod minimum est præsumitur.* Mais, de plus, nous voyons
dans les Lois 52 § 2 et L. 13 § 1, t. *de præscr. verbis*, 19, 5,
que si l'un des associés a apporté un corps certain, et l'autre,
son industrie, il y a présomption que le corps certain a été

apporté *quoad usum*. Il y a même raison de décider, quand l'apport consiste en une somme d'argent. Justinien, du reste, compare l'industrie à l'argent, pour dire que le *lucrum* devient commun ; d'où il est permis de conclure que le capital ne le devient pas.

Le partage des bénéfices peut être réglé d'avance par les conventions des parties. Justinien le dit en termes formels aux *Institutes* : « Quod si expressæ fuerint partes, hæ servari « debent, nec enim unquâm dubium fuit qùin valeat « conventio, si duo inter se pacti sunt, ut ad unum quidem « duæ partes et lucri et damni pertineant, ad alium tertia « (§ 1, *Inst.*, h. tit.). » Cette règle des *Institutes* doit être complétée par un fragment d'Ulpien (L. 29), qui dit que ce sera en considération d'une plus forte mise que le plus souvent l'égalité sera détruite ; mais, comme dit M. Pellat, il n'est pas absolument nécessaire que lorsque les associés fixent des parts inégales, ils les calculent proportionnellement aux mises. Le jurisconsulte a parlé *de eo quod plerumquefit*. Dans le cas contraire, il y aurait une libéralité parfaitement licite.

Mais en continuant la lecture de la Loi 29, nous voyons que la convention, suivant laquelle l'un des associés se trouve exclu du partage et qu'on appelle clause léonine, est frappée de nullité, et avec elle la société tout entière. Ne pourrait-on pas la considérer comme un *pactum de donando* ? Sous Justinien, où toute donation pouvait résulter d'un simple pacte, nous le croyons, à condition, bien entendu, qu'il n'y ait aucun doute sur l'intention des parties. Mais du temps des jurisconsultes, les libéralités totales ne peuvent être faites de la même façon.

Au lieu de déterminer elles-mêmes les règles du partage,

les parties ont pu convenir qu'elles s'en remettent à la décision d'un arbitre. Mais cet arbitre n'est pas maître de statuer
à sa fantaisie, car s'il n'a pas proportionné les parts dans les
bénéfices à la valeur des apports, sa décision peut être atta-
quée comme manifestement inique par l'action *pro socio*. En
ceci, l'arbitre dont nous parlons diffère de celui dont le pouvoir est souverain, comme au cas de compromis (L. 76, s.).

Si les parties n'ont ni statué elles-mêmes, ni nommé d'arbitre, les bénéfices se partagent par portions égales. C'est ce
que disent des textes nombreux, et notamment la Loi 29,
h. t., Gaius, *Inst*. III, § 150, et les *Inst*. § 1, h. t. Il y a toutefois
des interprètes qui ont entendu cette égalité dans le sens
d'une égalité proportionnelle, en se fondant sur le caractère
de bonne foi inhérant au contrôle de société.

Nous croyons que traduire *æquas partes* par portions pro-
portionnelles, c'est dénaturer le sens que ces expressions ont
dans les textes. De plus, les Lois 6 et 80 indiquent suffisamment que la proportionnalité des parts n'était pas admise en
principe, puisqu'elles supposent que les associés s'en remettent à un arbitre pour qu'il établisse cette proportionnalité.
Enfin, dans le cas où un ou quelques-uns des associés n'auraient apporté que leur industrie, comment appliquer la
règle de l'égalité proportionnelle, à défaut de conventions?
Nous ne voyons pas que les Romains aient attribué une valeur légalement présumée à l'apport en industrie, comme
l'ont fait les rédacteurs de notre Code français dans l'article 1853, et nous sommes bien forcés de dire avec Proculus : « Illud potest conveniens esse viri boni arbitrio ut non
« ex æquis partibus socii simus, veluti si alter plus operæ,
« industriæ, gratiæ, pecuniæ in societate collaturus sit
« (L. 76). »

Nous n'avons jusqu'ici pas parlé de la répartition des pertes qui sont définies en ces termes dans la Loi 30 : « Neque « enim damnum intelligitur, nisi omni lucro deducto. » Ici, comme pour les bénéfices, il faut distinguer suivant que le contrat renferme ou ne renferme pas un pacte relatif aux pertes.

Si les parties n'ont rien dit ni sur les bénéfices, ni sur les pertes, la répartition se fait par portions égales, malgré l'inégalité des apports. Quand elles ont fait une convention relative aux bénéfices seulement, les pertes doivent se répartir dans la même proportion : « Si in altero partes expressæ « fuerint, velut in lucro, in altero verô omissæ, in eo quoque « quod omissum est, similes partes erunt (Gaius, III, § 150). »

Si les parties se sont expliquées dans le contrat, leur volonté sera respectée, lors même que la proportion, suivant laquelle les pertes devraient être réparties, serait différente de celle suivant laquelle devrait s'opérer la répartition des bénéfices. Cette solution n'avait pas prévalu sans difficulté. « Magna quæstio fuit, dit Gaius (III, § 143), an ità coiri pos- « sit societas, ut quis majorem partem lucretur, minorem « præstet. » Quintus Mucius estimait que cette disproportion était contraire à la nature de la société, mais Servius Sulpicius, dont l'opinion triompha, disait avec raison qu'il faut avant tout considérer les circonstances de fait, et qu'il peut être très-utile à certaines personnes de prendre un associé qui sera à l'abri de toutes pertes, mais qui compensera cette immunité par des avantages si précieux, que son adhésion telle quelle sera encore une bonne fortune pour la société.

II.

DROIT FRANÇAIS.

DROIT FRANÇAIS.

DES SOCIÉTÉS COOPÉRATIVES.

((Loi du 24 juillet 1867.)

Le mot coopération signifie action de concourir à une action commune. Il n'est point nouveau en France. Nous le trouvons déjà au dix-septième siècle dans nos meilleurs auteurs : Bossuet, Bourdaloue, Pascal. Mais, jusqu'à nos jours, il était spécialement employé dans la langue théologique. Ainsi, dans les Institutions chrétiennes de Calvin, nous lisons : « La croix de Christ et notre pénitence coopèrent ensemble. » Par quelle bizarrerie du sort est-il arrivé à figurer presque exclusivement dans la langue économique et à se présenter à nous comme venant d'Angleterre ? L'étude des origines du mouvement coopératif nous édifie sur ce point.

L'on ne parle guère en France de sociétés coopératives que depuis 1848. Est-ce à dire qu'à cette époque un principe absolument nouveau ait apparu pour régénérer l'humanité ? Nullement. Il ne s'est agi, depuis, comme avant cette époque, que d'étudier cette éternelle question, que l'on appelle la question sociale. Avant 1848, la théorie était surtout à l'ordre du jour, et il serait puéril de contester la valeur intellectuelle de certains de ses propagateurs.

Malheureusement, en passant aux essais de réalisation, la science sociale, le *socialisme*, puisqu'il faut l'appeler par son nom, compromit singulièrement la bonne renommée qu'on lui accordait tant qu'il se tenait dans les in-folios de ses auteurs. Sa réputation fut tellement aventurée dans nos troubles politiques, que le mot lui-même devint mal sonnant et dut chercher un remplaçant. A ce moment là, d'autre part, les propagateurs de la rénovation sociale, désertant les hauteurs abstraites et souvent utopiques de leurs maîtres français, avaient jeté les yeux sur les peuples, nos voisins, et paraissaient disposés à comprendre que la méthode obscure et modeste employée par eux, avait plus de chance de succès. Et c'est ainsi qu'ils importèrent d'outre-mer le mot *cooperative society*, pour pouvoir ensuite, à l'abri d'une épithète honorable, travailler sans persécution à l'amélioration morale et matérielle des classes ouvrières. Mais, hâtons-nous de le dire, substituer au socialisme la coopération, c'est faire mieux qu'un changement de mot. Personne, que je sache, n'a pu jusqu'ici donner une définition de ce mot socialisme. Pour la masse, au lieu d'être l'expression d'une idée, ce n'est qu'un sentiment haineux et aigri des inégalités sociales. Pour certains penseurs désintéressés et sincères, c'est l'action de l'Etat sur les faits économiques. Pour les grands chefs d'école, c'est la reconstruction de la société sur des bases inédites. La coopération n'est rien de tout cela, et, malgré sa forme piquante, je ne puis admettre la formule donnée par un de mes maîtres en économie politique, M. Jules Duval : « La coopération a pour père le socialisme

« et pour mère l'économie politique. » Il ne saurait y avoir aucun rapport entre les théories socialistes, qui sont la négation des droits individuels, et la coopération, qui en est l'exercice légitime. Dans l'esprit des hommes intelligents et honnêtes qui patronnèrent la coopération à son entrée dans notre monde économique, il devait y avoir une transformation complète dans la méthode. A la période de guerre, de révolte, de revendication brutale, qui ne pouvait amener que la ruine ; à l'agitation stérile de la rue, devait succéder une ère de rénovation pacifique, qui ne devait exciter que l'intérêt sympathique de tous. Et, en effet, rien de plus respectable et de plus moral que l'idée coopérative telle que nous allons la faire connaître.

Jusqu'à présent, elle s'est surtout manifestée sous trois formes : consommation, crédit, production. S'agit-il de consommation, la coopération consiste dans la réduction, au minimum, des intermédiaires et de leurs bénéfices, et dans la répartition, entre tous les sociétaires consommateurs, des profits du commerce. S'agit-il de crédit, la coopération consiste dans la mutualité des concours que se donnent réciproquement les associés à l'aide de versements parcellaires, qu'ils recueillent et qu'ils répartissent entre eux, au prorata de leurs droits et de leurs besoins. S'agit-il de production, la coopération signifie l'association librement consentie des divers collaborateurs, en vue de leur participation aux profits, en proportion du concours donné à l'œuvre commune.

C'est à dessein que j'ai défini les espèces de sociétés coopératives dans l'ordre indiqué ci-dessus. C'est en effet dans cet ordre que l'essai doit en être fait, pour avoir des chances sérieuses de réussite. La base de la coopération est l'épargne réalisée sur les dépenses quotidiennes. Tandis que les sociétés ordinaires sont formées en vue de spéculer avec des capitaux existants, les sociétés coopératives ont, au contraire, pour but de créer un capital.

Par conséquent, nous disons, avec M. Schulze : « On a « commis une grande faute en France, lorsqu'en 1849 on a « encouragé les sociétés de production. C'est la forme d'as- « sociation la plus difficile, et l'on ne devait jamais com- « mencer par elle. »

L'association de production est, en effet, le couronnement du système coopératif, et, avant d'y songer, les ouvriers feront bien de faire un stage dans la pratique des sociétés de consommation et de crédit. Ainsi, ils acquerront d'abord les leviers indispensables à l'organisation de l'outillage productif, c'est-à-dire l'épargne et le crédit; et de plus, ils s'habitueront à voir les difficultés de détail que cache à leurs yeux la contemplation immédiate du but de leurs efforts. Malheureusement, dans notre pays, l'on n'aime guère à prendre les questions par le commencement, et il semble que notre tempérament primesautier, notre *furia francese*, nous fasse négliger les conditions de temps et d'efforts humbles et obscures, nécessaires à la réalisation définitive d'une réforme. Nous aimons mieux, comme en géométrie, supposer, dès l'abord, le problème résolu et chercher ensuite les moyens de consolider l'édifice édifié sans bases et sans fondements.

Ainsi procéda chez nous le mouvement coopératif, à l'exemple du reste, et lorsqu'au souffle de la révolution de 1848 naquirent des centaines de sociétés de production, certains oracles proclamèrent gravement que la France était la patrie des sociétés de production, comme l'Angleterre était celle des sociétés de crédit mutuel. L'Assemblée nationale, cédant, fort légitimement du reste, à l'engouement de l'époque, vota une subvention de trois millions, pour favoriser le mouvement coopératif. Mais, hélas ! des trois cents associations de production créées de 1848 à 1851, quinze seulement ont prospéré. Hâtons-nous de dire, pour être sincères, que les temps n'étaient guère favorables. Quand les maisons les plus anciennes et les plus solides, quand la Banque de France elle même était ébranlée, l'on comprend aisément que de pauvres associations d'ouvriers n'aient pu vivre. Mais les difficultés temporaires de la période révolutionnaire n'étaient pas les seuls obstacles à la prospérité des sociétés coopératives. Un essai fait dans un temps aussi favorable que possible eût également mis en relief cette idée à laquelle nous tenons et que nous voudrions faire passer dans l'esprit de tous les ouvriers réellement désireux d'améliorer leur sort par des moyens légitimes et ayant chance de réussir : On n'improvise pas les sociétés de production ; il faut s'y préparer matériellement, moralement et intellectuellement, par l'épargne, l'instruction, et surtout par l'habitude d'administrer et d'obéir, par la pratique de cette vertu si difficile que l'on appelle la discipline volontaire.

Eh bien! l'organisation des sociétés de consommation et de crédit est une excellente école, qui a de plus l'avantage, en cas d'insuccès, de ne pas engloutir toute la fortune des associés, qui n'absorbe pas complètement l'activité de l'ouvrier et lui permet de réfléchir aux difficultés qui l'attendent lorsqu'il sera à lui-même son propre patron, et qu'il devra partager sa souveraineté avec un nombre plus ou moins grand de ses compagnons. Une autre raison, qui nous fait recommander d'abord les sociétés de consommation et de crédit, c'est que l'on ne peut méconnaître leur succès dans

les pays où les ouvriers ont eu l'heureuse idée de s'y
adonner ; et c'est pourquoi, tout en nous proposant de traiter
le sujet de thèse que nous avons choisi, c'est-à-dire les
articles 48 à 54 de la loi du 24 juillet 1867, nous ne pouvons
nous empêcher de jeter un coup d'œil sur l'Angleterre et
l'Allemagne, qui ont su faire porter à l'idée coopérative des
fruits précieux et nous donner un exemple dont nous pour-
rions profiter. Puis, revenant en France, et faisant l'historique du mouvement coopératif, nous nous demanderons ce
qui en a jusqu'ici paralysé l'essor, nous exposerons l'état de
la législation, et les raisons qui ont fait faire, en 1867, une
nouvelle loi sur les sociétés, après tant et tant de textes sur
cette matière. Enfin, dans un dernier chapitre, sous forme
de conclusion, nous exposerons les critiques que nous paraît
mériter cette loi, et nous dirons quelles sont, à notre avis,
les chances d'avenir et les conditions de prospérité de la
coopération.

HISTORIQUE.

L'Angleterre, au dire de certains auteurs, est le pays, par
excellence, des sociétés de consommation. Cela veut dire
tout simplement que ces sociétés s'y sont développées plus
que partout ailleurs et nous ne croyons pas être téméraire
en affirmant que l'exemple, donné par la célèbre association
des équitables Pionniers de Rochdale, (comté de Lancastre,
près de Manchester), a été pour beaucoup dans la multipli-
cation de ce genre de sociétés. Tant il est vrai que la mise
en pratique d'une théorie est le meilleur moyen de la
propager !

Depuis longtemps les Anglais avaient des exemples de la puissance de l'association. Outre les *Friendly societies,* sorte de sociétés de secours mutuels dont l'origine remonte aux protestants français, rejetés cruellement hors de la mère-patrie par la révocation de l'Edit de Nantes, le peuple anglais connaissait les *Trades'Unions,* associations ayant pour but de faire cesser le travail en masse et de produire les *strikes* ou grèves. Mais l'idée coopérative n'a rien de commun avec ces deux sortes de sociétés ; les premières ne sont que des institutions de charité ; les autres sont des armes de guerre contre le capital, dont heureusement les ouvriers anglais commencent à reconnaître l'injustice et l'impuissance.

Les strikes existent encore en Angleterre, c'est vrai, mais jamais on n'a vu y prendre part un des membres des sociétés coopératives et plus la coopération avance, plus les grèves diminuent. La grève est l'association négative et destructrice, la coopération, l'association positive et créatrice.

Ce fut en 1843 que naquit la célèbre société de consommation, dont nous avons prononcé le nom. A la suite d'une grève et d'un chômage qui avaient épuisé leurs ressources, vingt-huit pauvres tisserands en flanelle eurent l'idée de se relever par leurs propres forces, *viribus unitis,* sans tendre la main à la charité publique ou privée.

Mais comment faire quand on a ni ressources ni crédit ? comment se constituer un fonds de réserve pour parer aux éventualités difficiles ? Le seul moyen honnête, quand on ne peut augmenter ses revenus, c'est l'économie produite par une dépense moindre et surtout par une dépense à meilleur marché ; car la dépense ne peut être restreinte au-dessous d'une certaine limite, sous peine de diminuer la force, c'est-à-dire le seul capital de l'ouvrier.

Or, pour résoudre ce problème de la dépense à bon
marché, il suffit de considérer que si les acheteurs pouvaient
se passer du marchand en détail, ils bénéficieraient de tout
ce qu'ils laissent entre les mains de ce dernier et se trou-
veraient avoir acquis en consommant. Soyons donc nous-
mêmes nos propres marchands en détail, se dirent les
Pionniers de Rochdale, réunissons dans une caisse commune
ce que nous donnons quotidiennement aux boutiques du
village, et achetons en gros ce qui est nécessaire à la consommation de nos vingt-huit ménages; nous achèterons à
meilleur marché et nous pourrons avoir meilleure qualité.
Après avoir prélevé les frais généraux, nous répartirons la
marchandise à prix coûtant ou bien, ce qui vaudrait peut-
être mieux, nous paierons les marchandises de notre magasin au même prix que les marchandises de l'épicier du
coin, mais la différence entre le prix d'achat et le prix de
revente, nous sera distribué sous forme de dividende à des
époques déterminées.

Je dis que ce dernier mode est préférable : d'abord au
point de vue économique, car au moment ou l'on vend au
détail au prix du gros, on ne sait pas encore quel est le prix
du détail, puisqu'on ne peut prévoir les déchets, les mé-
ventes, les non-valeurs. En second lieu, et c'est la raison
principale de l'existence du procédé, il favorise la création
du capital et fait une heureuse réalité de ce paradoxe : Plus
l'on dépense plus l'on gagne.

L'économie de quelques centimes que ferait l'ouvrier
sur l'achat journalier, ne serait probablement pas capitalisé
par lui à cause de son manque d'importance; tandis que
lorsqu'elle se présente sous la forme de quelques francs, elle
prend des proportions plus respectables.

Comme l'a très-bien dit M. Jules Simon (*Revue des Deux-Mondes*). « Autre chose est un bénéfice de 10 centimes,
« autre chose un bénéfice de 9 francs perçus au bout de
« trois mois ; il ne faudra qu'un acte de volonté pour
« économiser les 9 francs, il en faudra 90 pour économiser
« les 10 centimes pendant trois mois. L'intelligence est
« complice de la volonté pour négliger les futiles épargnes.
« On se dit : Que ferais-je de 10 centimes ? Il est impossible
« de plus mal raisonner et très-difficile ne pas faire ce rai-
« sonnement pitoyable. »

C'est donc parce que la part de la volonté sera moins
pénible, que nous préférons le second mode de répartition
des bénéfices. Notons bien ce point dès le début ; nous
verrons, en effet, que dans toutes les sociétés coopératives,
c'est surtout l'énergie persévérante qui est difficile à trouver.
Or, c'est par là qu'ont vaincu les équitables Pionniers. C'est
par la volonté appuyée sur une idée aussi simple que celle
que nous venons d'exprimer, qu'ils sont arrivés les premiers
à s'affranchir de ce que leurs camarades appelaient la
tyrannie du capital.

Mais ce ne fut pas sans peine. Imagine-t-on l'effet produit
sur le public par cette déclaration d'affranchissement,
émanée de vingt-huit malheureux tisserands en flanelle sans
sou ni maille ? La verve satirique pouvait se donner carrière
au sujet d'une prétention aussi extravagante et elle n'y
manqua pas. Les épiciers du pays ne tarirent pas en plai-
santeries sur ces industriels sans capital, ces marchands
sans marchandises, qui voulaient violer les règles éternelles
de la vente au détail. Pendant ce temps les pionniers conti-
nuaient leur œuvre.

Ils commencèrent par décider que chacun d'eux verserait

une cotisation hebdomadaire de deux pences (0 fr. 20), élevée bientôt à trois pences (0 fr. 30). Au bout d'un an ils avaient 700 francs en caisse, et alors ils louèrent, moyennant 250 francs, une petite boutique dans laquelle chaque associé venait, à tour de rôle, le samedi, vendre aux autres le beurre, le sel, la farine, etc., achetés en gros, moyennant les 450 francs restant.

Comme on le voit, rien de plus simple, et cependant il fallut compter avec les défections, avec les habitudes prises d'aller chez les détaillants avec les facilités de crédit accordées par ceux-ci, lesquels bientôt commencèrent à ne plus se moquer, mais à faire des procès en concurrence déloyale. Le bruit fait par les attaques eut le résultat produit par toutes les persécutions ; il attira l'attention des autres ouvriers et retint les plus courageux, si bien qu'en 1847, la société comprenait 140 membres, son capital montait à 9,925 francs et les recettes hebdomadaires étaient de 4,500 francs. En 1850 il y avait 600 membres, en 1865, 4,000 ; le capital était de 1,631,950 francs, sur lequel 650,000 francs servent à commanditer les sociétés annexes et le chiffre d'affaires est de six millions et demi.

Bientôt, dans le reste du pays, l'exemple donné par la société de Rochdale, trouva des imitateurs. Pour l'année 1863, la statistique porte à 454 le nombre des sociétés coopératives anglaises, fondées la plupart sur le modèle de celle de Rochdale ; elles comptaient alors 150,000 membres, leur chiffre d'affaires s'élevait à 65 millions et les bénéfices à 5,340,000 francs, soit en moyenne 50 francs par an que chaque ouvrier a gagnés, rien que pour avoir acheté à l'association plutôt qu'ailleurs.

Nous n'entrons pas dans le détail de l'organisation actuelle,

dont l'étude est en dehors de notre sujet. Qu'il nous suffise
de rappeler que pour devenir associé il faut être présenté
par un membre et agréé par les représentants de la société;
que de plus, il faut posséder une action dont le montant est
d'une livre sterling, soit 25 francs. Celui qui ne possède pas
cette somme la constitue par le versement hebdomadaire,
primitivement institué. Enfin, pour laisser à l'association
son caractère populaire et pour en écarter les spéculateurs,
les statuts décident qu'aucun membre ne peut posséder plus
de cinq actions.

Passons maintenant à l'autre espèce de société que nous
considérons aussi comme la base du mouvement coopératif,
c'est-à-dire la société de crédit populaire. Nous l'examinerons
surtout en Allemagne. En Angleterre, en effet, ces sociétés
se sont peu développées. Cela tient, croyons-nous, à la
multiplicité des institutions de crédit que l'on trouve dans
ce pays et qui, organisées sur le système des banques
populaires d'Ecosse, sont accessibles à tous. Ces banques
écossaises qui sont, dit M. Batbie, à son cours d'économie
politique, *la première étape du crédit populaire*, ont ceci de
particulier qu'elles font des prêts à découvert à un ouvrier
voulant s'établir et n'offrant que des garanties morales de
probité et d'intelligence. Dans ces prêts sont engagés 125 millions dont profitent 10,000 emprunteurs. C'est un magnifique
résultat, mais le système du prêt à découvert est trop
contraire au principe de la banque de circulation pour qu'il
puisse être absolument admis en théorie. Cependant malgré
ce qu'il peut avoir de contestable, les banques écossaises l'ont
appliqué avec tant de prudence, qu'elles n'ont guère au
passif de leur histoire que quatre suspensions de paiement

et qu'un illustre écrivain anglais a pu dire que l'Ecosse doit à ses Banques sa prospérité.

Pour voir fonctionner dans toute sa puissance et toute sa simplicité le crédit populaire, il nous faut passer le détroit et aller en Allemagne

ALLEMAGNE.

C'est à M. Schulze-Delitzsch que revient l'honneur d'avoir inaugurer le mouvement coopératif sous la forme fiduciaire. De même que la société de Rochdale nous sert de type pour l'étude de la coopération anglaise, de même la banque populaire de Delitzsch suffit à nous montrer ce que peut le crédit populaire.

Le principe sur lequel s'est appuyé M. Schulze est celui de la *Selbsthülfe*, c'est-à-dire de la maxime *Aide-toi*. Comme les équitables pionniers, il part de cette idée que c'est l'effort individuel, l'énergie personnelle de l'ouvrier, qui le sauvera, autant par l'effet moral que par l'effet pécuniaire immédiat. Et c'est ainsi qu'il repousse absolument toute ingérance gouvernementale, toute subvention, tout encouragement, et je suis sûr qu'il n'hésiterait pas à désapprouver cette idée émise par M. Louis Blanc, dans son Histoire de la Révolution de 1848 : « L'établissement des associations coopératives aurait dû se « rattacher à l'initiative de l'Etat. » Sa lutte contre Ferdinand Lassalle, l'apôtre du socialisme gouvernemental, nous montre assez quelles étaient sur ce point ses pensées.

L'idée-mère du crédit mutuel est celle-ci : Pour inspirer confiance au capital, il faut lui offrir certaines garanties. Habituellement, ces garanties sont des gages, des hypothèques ou des cautions. Or, un pauvre artisan qui veut améliorer sa position, se mettre à son compte, et qui a besoin d'un prêt pour acheter les matières premières ou les outils, est fort empêché. N'ayant rien, il ne peut rien emprunter, et, par suite rien entreprendre ; ne pouvant rien entreprendre, il semble destiné à n'avoir jamais rien. C'est un cercle vicieux d'où il semble impossible de sortir. Et cependant M. Schulze a eu l'honneur de découvrir en ce prolétaire une valeur presque certaine, en lui disant : Il est vrai qu'on ne prête qu'aux riches ; l'argent est méfiant et égoïste. Toi, tu n'as que ta valeur personnelle, représentée par ton travail quotidien, par ton habileté et ta moralité. C'est quelque chose, mais quelque chose de fragile. Tu peux devenir mauvais ouvrier ; sous les étreintes de la misère ou des mauvais conseils, tu peux abandonner l'atelier pour le cabaret. Tu peux aussi tomber malade, être victime d'un accident qui te paralysera le reste de tes jours et fera de toi une charge au lieu d'une force sociale. Tu peux mourir le lendemain du jour où le capitaliste t'aura prêté. Il faut donc éliminer cet *alea* qui éloigne de toi le crédit.

Au lieu d'aller seul trouver le banquier, qui te fera toutes les objections précédentes, présente-toi à lui en compagnie de dix, de cent artisans comme toi, qui tous, solidairement, répondront du remboursement que tu promettais en vain. N'est-il pas vrai que la chance de perte va diminuer dix fois, cent fois ? Le calcul des probabilités ne prouvera-t-il pas que si quelques-uns font mentir leur passé par une conduite irrégulière, ou perdent la force ou la vie, la majeure partie sera toujours là au jour du remboursement ? Rien ne s'opposera plus à ce que le capital s'en aille aux artisans qui veulent s'établir à leur compte, avec autant de sécurité qu'il s'abandonne aux séductions souvent fallacieuses des commandites à prospectus empanachés.

A cette garantie résultant de la réunion de plusieurs bonnes volontés, vous pouvez en ajouter une autre, toujours au moyen de la *Selbsthülfe*. Entre vous tous, qui voulez vous porter garants réciproques, formez une caisse de réserve dans laquelle, chaque semaine, vous verserez ce que le cabaret absorberait nuisiblement. Si au bout d'une année, vous vous présentez au capital ayant, d'une part, la garantie morale résultant de l'union des forces, et d'autre part, un pécule qui puisse en partie couvrir votre emprunt, toutes les caisses vous seront ouvertes, et vous aurez, d'une autre façon que les Pionniers de Rochdate, résolu encore une fois la question de l'affranchissement du travail. Au lieu de vous contenter d'adresser au capital des épithètes désagréables, comme le veut la méthode du socialisme rhétoricien, vous l'aurez acquis ; ce qui est infiniment préférable.

Ainsi se trouvera réalisée cette prophétie de Voltaire, plus sérieuse qu'elle n'en a l'air sous sa forme légère :

« *L'Homme aux quarante écus :* Quoi ! le moyen de vivre commodément est d'associer ma misère à celle d'un autre ?

« *Le Géomètre :* Cinq ou six misères ensemble font un établissement très-tolérable. »

Nous avons prononcé un bien gros mot en parlant de la solidarité qui doit unir tous les membres de cette société. La perspective d'être tenu complètement pour un de ses coassociés n'aura-t-elle pas pour effet d'éloigner bien des membres utiles ? C'est une question qui divise les auteurs de l'agitation coopérative. Le législateur français, dans la Loi de juillet 1867, que nous allons étudier, n'a pas cru devoir l'imposer et l'a remplacée par la *mutualité* ; en cas d'insol-

vabilité de l'emprunteur, la caution ne supporte que **sa**
fraction et le prêteur perd une partie. M. Schulze Delitzsch, au contraire, est d'avis qu'on ne saurait supprimer la
solidarité sans enlever aux sociétés coopératives un principe
vital. Au commencement, à Delitszch, les ouvriers n'étaient
pas disposés non plus à admettre la solidarité; mais la confiance et le crédit se tenaient à l'écart. En même temps, une
société de bottiers et de cordonniers, ayant pour but de se
procurer des matières premières (Rohstoffgenossenschaft),
marchait à merveille, parce qu'elle avait adopté le principe
de la solidarité. Son crédit florissait au point que ses besoins
étaient moindres que les offres qui lui arrivaient de tous
côtés. La banque de Delitzsch se décida à suivre un exemple
si encourageant, et cet établissement, qui avait commencé
avec quelques thalers, disposait, en 1865, d'un capital de
31,895 thalers (117, 355 fr.), et avait avancé à ses membres
une somme de 32,035 thalers (345,130 fr.).

Quant aux détails d'organisation, les voici résumés aussi
simplement que possible, d'après les statuts rédigés par
M. Schulze lui-même. Tout individu qui sait économiser
régulièrement, à de courts intervalles, une certaine somme
sur ses dépenses, quelque minime que soit cette somme,
pourra faire partie de la société coopérative, qui lui ouvrira
un crédit, à la condition qu'il verse d'abord un droit d'entrée
de 1 fr. 50, puis qu'il apporte chaque mois une cotisation de
6 silbergros (62 centimes), jusqu'à ce que sa mise ait atteint
150 francs. Ce premier apport fondamental permet à la
Banque d'emprunter des fonds étrangers, et lui sert en même
temps de garantie pour le remboursement des dépôts qui
peuvent lui être faits. Son capital de roulement étant ainsi
constitué, chaque associé emprunte sur sa simple signature,

une somme égale à celle de sa propre créance dans la société. Mais le gérant, ou le comité, ou la direction, a le droit de lui accorder un crédit plus considérable, sans qu'il puisse cependant s'élever au-dessus de la moitié de la créance du sociétaire. S'il veut davantage, il faut qu'il se fasse cautionner par un ou plusieurs sociétaires, dont les signatures lui donnent le droit d'emprunter des sommes égales au montant des versements des garants.

La durée des prêts est de trois mois, sauf renouvellement, si, à l'échéance, l'état de la caisse le permet.

Enfin, le taux des avances est fixé à 5 p. 0/0, plus un quart de commission par mois, soit en fait 8 p. 0/0 par an. Ce chiffre élevé peut étonner, et l'on se demandera peut-être pourquoi les avances ne sont pas gratuites, puisque les intérêts reviennent aux associés sous forme de dividende. Mais c'est là précisément le caractère éminemment moralisateur de la coopération. Le sociétaire, qui a déjà la faculté de trouver du crédit, se voit forcé, en empruntant, de faire un certain placement qu'il n'économiserait probablement pas, s'il ne s'y trouvait en quelque sorte contraint par le mécanisme de la Banque. Au lieu de s'être vu fermer les portes des banquiers, ou de s'être fait exploiter par des usuriers, il a trouvé une avance à un taux légitime, et il a par devers lui la satisfaction de recueillir, au bout de l'an, le fruit de ses économies, sous la forme d'un dividende rémunérateur.

Telle est, en substance, la méthode coopérative appliquée au crédit. Grâce à la patience obstinée et à l'intelligence généreuse d'un homme de bien, elle a été préconisée en Allemagne, et, ce qui vaut mieux, appliquée avec succès, d'abord à Delitzsch même, ville natale de M. Schulze, où les vicissitudes politiques l'avaient relégué, pour le punir du

rôle brillant qu'il avait joué à l'Assemblée de Francfort en
1848. Puis, dans toute l'Allemagne, nous voyons le mouvement se propager, de telle sorte qu'en 1862 le nombre des
associations s'élevait à 700, d'après certains renseignements,
à 900 suivant d'autres ; elles comptaient 70,000 associés pos-
sédant un capital de 38 millions, et avaient mis en circulation des sommes dont l'ensemble ne montait pas à moins de
120 millions.

Le douzième congrès des associations coopératives allemandes, qui a eu lieu à Nuremberg, a publié, dit la *Gazette
d'Augsbourg*, les renseignements suivants :

En 1870, le nombre des sociétés de prêt (Vorschussverein)
a été de 1,859 ; celui des sociétés de production, de 275 ; celui
des sociétés coopératives, de 750. L'année précédente, ce
nombre avait été de 1,720, pour les premières ; de 267, pour
les secondes ; de 275, pour les troisièmes.

En 1869, on comptait 304,772 associés ; en 1870, il y en
a eu 314,650. Le chiffre des affaires, qui était en 1869 de
180 millions de thalers (nombre rond), a augmenté, en 1870,
de 25 millions, et se trouve porté à 207,618,387 thalers.

Il paraîtrait que cette année le mouvement coopératif a
pris un très-grand développement (malgré la guerre). A la
fin du premier semestre de l'année 1871, le nombre des
sociétés était, dit-on, de 3,210 ; celui des sociétaires, de
1,200,000. Le montant des affaires faites jusqu'à cette date
était de 150 millions de thalers, avec un capital de 26 à
27 millions, possédé en propre par les associés, et 60 à
70 millions de capitaux étrangers.

FRANCE.

Nous avons dit que si les Anglais avaient organisé des
sociétés de consommation, les Allemands des sociétés de
crédit mutuel, les Français avaient toujours eu une tendance
particulière à organiser immédiatement des sociétés de
production. Nous allons examiner maintenant les origines et
les développements du mouvement coopératif dans notre pays.

La plus ancienne de ces sociétés est celle des *Bijoutiers en
doré*, rue Notre-Dame-de-Nazareth, qui date de 1834 et eut
pour inspirateur, sinon pour promoteur direct, Buchez,
lequel fit cette tentative en opposition avec les essais com-
munistes tentés par Robert Owen, et l'organisation hié-
rarchique du travail projetée par l'école Saint-Simonienne.
Pénétré de la nécessité d'une réforme économique qui
permît à la masse des travailleurs d'améliorer son sort,
Buchez, homme d'une probité rigide, voulait que cette
réforme respectât avant tout la propriété individuelle et
l'échange, qu'il considérait non-seulement comme les bases
de l'ordre économique, mais comme les conditions essentielles de la liberté civile et politique. Il eut le bonheur
de trouver, pour comprendre sa pensée et pour la mettre en
œuvre une douzaine d'ouvriers d'élite, d'une capacité ex-
ceptionnelle, auxquels ne déplurent point les allures
austères du maître.

A ses débuts, la société n'avaient que 200 francs ; en 1851
elle faisait pour 130,000 francs d'affaires ; aujourd'hui elle
ne compte plus que huit membres, mais sa situation est
toujours florissante, elle possède, à Paris, quatre succursales,
et un capital de plus de 100,000 francs. Ce qui a fait sa

force et lui a donné un principe vital, dont le succès a prouvé le mérite, c'est l'organisation d'un *fonds indivisible* qui doit toujours rester à l'association et qui n'appartient aux associés qu'autant qu'ils restent membres de la société. Ainsi a été assurée la prospérité de l'association, ainsi a été conservé le résultat des efforts une fois accompli. Malgré les critiques soulevées par l'insertion de cette clause qui doit, d'après ses détracteurs, éloigner bon nombre d'ouvriers peu soucieux de perdre à tout jamais, au profit de successeurs inconnus, une partie de leurs économies, il n'est pas moins vrai que, ceux qui ont eu le courage de l'accepter s'en sont bien trouvés et que le sacrifice une fois fait pour la constitution de ce capital inaliénable, se trouve compensé par les avantages résultant de la solidité assurée à l'association. Du reste, pour être indivisible, ce fonds n'est pas stérile. Il est engagé tout entier dans les affaires de la société et fait partie de son capital de roulement. De plus, aucun intérêt légitime n'est lésé, puisque chaque associé actuel a droit aux fruits produits par le fonds et que d'autre part, cette participation n'est pas gratuite, chaque associé nouveau s'engageant à faire un abandon pareil à celui de ses prédécesseurs.

Au reste, quoi qu'il en soit du bien fondé en droit pur de cette clause, nous nous contentons de dire qu'elle a été un élément de prospérité, et nous ne pouvions en omettre la mention dans cette revue historique de la coopération française.

La seconde association, en date parmi celles qui durent encore, est l'*Union agricole d'Afrique*, fondée en 1846 dans la plaine du Sig. Cette fondation a été stigmatisée de phalanstère et a servi de cible aux railleries militaires du

7

maréchal Bugeaud et des économistes orthodoxes, qui voyaient en elle un produit de l'école de Fourier. Mais, pour être convaincu du contraire, il suffit de comprendre les mots et de savoir les faits exposés d'une manière si intéressante par M. Jules Duval, son administrateur. L'union du Sig n'était et ne pouvait être qu'une société coopérative agricole, domestique et industrielle, n'ayant rien de plus socialiste que les pacifiques associations des fromagers suisses et franc-comtois, lesquelles ont existé bien avant que Fourier fût venu vanter les mérites de l'association. Mais dans cette étrange et longue lutte de la vérité contre l'erreur, il faut toujours s'attendre à voir des gens qui donne cinq minutes de demi-attention à l'exposition d'une idée nouvelle, improviser *ex abrupto* l'écrasement d'une théorie dont ils n'ont pas saisi un mot.

Vous leur dites, vous, que ce n'est pas cela, qu'ils n'ont pas compris, qu'ils donnent à gauche, que leurs attaques ne portent pas sur votre système *tel qu'il est*, mais sur un mélange d'idées confuses qui vient de se former dans leurs têtes, ce qui est très différent. Tout cela n'y fait rien; ils vont, ils vont.... ils vous soutiendront au besoin qu'ils le conçoivent mieux que vous; ils ont trouvé du premier coup le côté faible de votre affaire. Puis, ils débitent l'amalgame qui s'est produit dans leur imagination, appelant cela votre théorie. Des monstruosités, des pauvretés de toute nature s'accréditent ainsi, et la vérité s'en tire comme elle peut. Ce qui n'empêche pas votre interlocuteur de mettre en réserve pour une prochaine occasion ses quelques objections banales, et de s'imaginer qu'il est un bon citoyen parce qu'il a pris le Pirée pour un homme et la coopération pour le socialisme.

Ceci dit, une fois pour toutes, à l'adresse de ceux qui aiment mieux se moquer des réformes possibles que les étudier, continuons notre revue historique. Jusqu'en 1848, nous ne trouvons plus guère à mentionner qu'une société, formée en 1835, à Villebois, dans l'Ain, par une centaine d'ouvriers, pour l'exploitation d'une carrière. Malheureusement, par suite de l'inexpérience commerciale des gérants, la société finit par une liquidation, fort honorable du reste, qui donna 150,000 francs d'actif.

Notons, en passant, cette cause d'insuccès, le manque d'habileté en affaires; nous ne cesserons de la signaler comme un écueil dont les meilleurs ouvriers ne voient pas toujours bien le danger. Ce n'est pas tout, en effet, de former le capital, si pénible que soit ce premier pas. Un membre des sociétés coopératives, ancien rédacteur du journal l'*Atelier*, dans une lettre adressée au journal l'*Association*, s'exprime ainsi : « Je vous étonnerai peut-être en vous disant que la « conquête du capital a été la moindre de nos difficultés. « Vous pouvez juger par là des autres. » Ces paroles, émanées d'un ouvrier, et, à ce titre, non suspectes, doivent être méditées et engager les écrivains de l'agitation coopérative, à être sincères dans l'exposé des résultats produits par l'association.

Après avoir montré les succès des Pionniers de Rochdale, des banques allemandes, de la société des bijoutiers en doré et des maçons de la rue Saint-Victor, ils doivent donner la contre-partie du tableau et faire connaître les revers et les gaspillages de capitaux produits par des embryons de société formées à la hâte en dehors des conditions de moralité et d'intelligence nécessaires pour rendre l'œuvre viable.

A ce point de vue, l'année 1848, à laquelle nous arrivons,

sera fertile en enseignements précieux sur les dangers de la précipitation dans les entreprises. Nous avons dit que la plupart des sociétés écloses au souffle de la Révolution de Février, disparurent avec et quelques-unes avant la République. Mais il n'est pas sans intérêt de mentionner les principales de ces vaillantes associations qui, à force d'énergie et de patience, ont survécu au naufrage quasi-universel.

C'est d'abord la société des *Facteurs de pianos* formée par quatorze malheureux, sans avance, sans subside, sans ressources autres que leurs outils et quelques matériaux ; pour fonds de roulement chacun versa 10 francs, et, grâce à quelques emprunts, le capital social fut porté à 220 fr. 30 c. La plus stricte économie sur leurs dépenses de ménage, leur permit de traverser la crise, et maintenant ils ont une usine qui marche à la vapeur et qui a l'outillage le plus perfectionné. Le capital social, en 1863, était de 130,000 francs et le chiffre d'affaires de 205,000 francs.

Nous citerons ensuite les *Ferblantiers-Lampistes* du faubourg Saint-Denis qui, ayant commencé avec 10 francs, avaient, en 1851, un capital de 74,891 francs. Ce qu'il y a de particulier dans leurs statuts, c'est que tous les associés prennent part égale aux bénéfices. La justice de cette répartition est très-contestable, et nous estimons que de même que le travail est rémunéré eu égard à l'habileté de l'ouvrier, le produit du travail, le bénéfice doit aller aux producteurs, suivant leurs mérites. L'égalité des salaires n'est qu'une violation du droit.

Les ouvriers *Tourneurs en chaise* ont refusé de demander un secours à l'Etat et n'en ont pas moins réussi. Ils ont la sagesse de payer un salaire calculé exactement sur la valeur des produits.

De toutes ces sociétés, la plus importante est celle des *Maçons*, qui est établie rue Saint-Victor, sous la raison sociale Bouyer, Cohadon, Bagnard et Cie. En 1865, son gérant déclarait devant la commission d'enquête que son chiffre d'affaires pour 1865 atteindrait 4,000,000. C'est elle qui a construit la nouvelle gare d'Orléans et fait d'autres travaux gigantesques; elle est de taille à rivaliser avec les premiers entrepreneurs. Ce qu'on peut noter de spécial, c'est qu'elle emploie un grand nombre d'auxiliaires à salaire fixe. « Ne « prenant pas part aux pertes, disait M. Cohadon, ils n'ont « pas droit aux bénéfices. » Cette théorie a, jusqu'à ce jour, été admise par tous les patrons et paraît conforme à la notion naturelle et spontanée du juste, puisque les ouvriers devenus patrons l'appliquent sans scrupule. Cependant, quelques docteurs ès-sciences coopératives en ont contesté la légitimité et ont déclaré que les auxiliaires doivent recevoir, outre leur salaire fixe, une part proportionnelle aux bénéfices. La base de ce raisonnement nous échappe; nous ne voyons pas de quel droit MM. Cohadon et Cie seront privés du bénéfice de la liberté des conventions, parce qu'ils auront eu le courage et l'intelligence de créer et de conserver une société coopérative au lieu d'une société ordinaire. C'est affaire entre eux et les tiers qu'ils emploient.

Veut-on dire alors que tout auxiliaire a droit à autre chose qu'au salaire librement débattu? C'est poser la question de la participation de l'ouvrier aux bénéfices des patrons, mais ce n'est pas la résoudre. Nous n'avons pas non plus à nous en préoccuper, et nous en sommes aises ; car si les promoteurs de cette théorie veulent être sincères, ils reconnaîtront avec nous que, pour l'appliquer, il faut absolument supposer une industrie qui ne subisse jamais de pertes. Il y

en a quelques-unes, heureusement, qui ont toujours prospéré ; c'est sur elles que l'expérience a été faite par des
hommes animés des plus louables intentions. Mais il est
toujours dangereux d'élever à la hauteur d'une règle univer-
sellement applicable ce que la force des choses a jusqu'ici
restreint à certaines exceptions. Laissons donc la société
des *Maçons*, et telles autres que l'on voudra, approuver, par
leur pratique, les règles de l'organisation du salariat. Que
ceux qui lui préfèrent le travail indépendant, l'entreprise,
soient délivrés de toute entrave légale, rien de mieux ; mais
ne faisons pas croire aux salariés, par des affirmations in-
considérées, que tout est parfait dans l'association. L'entreprise a ses épreuves, souvent plus pénibles que celles du
travail à la journée ; elle ne convient point à tous les tempé-
raments, et, tout en lui laissant le champ libre, ne mécon-
naissons point les avantages immédiats et directs du salaire
certain et quotidien. L'absence de risque, de préoccupation
commerciale, a bien son prix ; les natures timides et peu
ambitieuses l'apprécieront particulièrement, tandis que
d'autres, plus fortement trempées, ne craindront point d'affronter les périls de la responsabilité personnelle.

A tous, liberté !

A la période d'engouement qui avait provoqué le développement un peu factice de la coopération succéda une période
d'abattement et de découragement qui dura de 1851 à 1863.
Ainsi l'on crut justifiée cette désolante prophétie de notre
plus illustre homme d'Etat, actuellement Président de la
République, rapporteur de la Loi de 1848 : « Les associations
« ouvrières ne sont que l'anarchie dans l'industrie. Les faits
« qui se passent en seront bientôt la démonstration la plus
« palpable: Votre commission déclare qu'elle ne croit pas à

« des collections d'individus les propriétés nécessaires pour
« l'exploitation d'une industrie quelconque. »

Mais, ô vanité des prophéties! le mouvement coopératif
redevint bientôt plus puissant que jamais, les épreuves des
sociétés défuntes ayant donné des enseignements qui n'ont
point été perdus.

On peut dire, sans exagération aucune, que l'idée coopérative, un instant étouffée, ressuscita avec la Société de
crédit au travail, fondée en 1863, à Paris, par M. Beluze, non
plus seulement dans le but de prêter aux ouvriers isolés,
comme le font les banques populaires d'Allemagne, mais pour
venir en aide aux autres sociétés coopératives elles-mêmes, en
escomptant leurs billets ou en leur consentant des prêts à
longs termes. Dans cette tendance à faire du crédit ouvrier,
moins son propre but que le levier de tout le mouvement
coopératif, se trouve le trait distinctif de nos banques populaires. D'après son état de situation, au 1er mars 1867, elle
comptait 1,575 commanditaires, avec un capital souscrit de
265,640 francs. Ses dépôts en compte courant montaient à
234,850 francs; durant le mois de février, elle avait es-
compté, soit aux sociétés coopératives, soit à ses associés,
835 effets représentant une somme de 278,457 fr. 13.

Malheureusement, l'année suivante, en 1868, elle se met-
tait en liquidation, après avoir aidé à la formation de qua-
rante-neuf sociétés de production. En même temps, tombait
la Caisse d'escompte des associations populaires, fondée par
MM. Léon Say et Walras, qui avait d'abord donné les meilleurs résultats.

Ces échecs, cependant, si sensibles qu'ils aient été, n'ont
pas ralenti l'essor du mouvement coopératif; seulement, en
montrant les difficultés de l'organisation de la production,

ils ont eu l'heureux effet de détourner les efforts sur les
autres espèces de sociétés, et notamment sur les sociétés de
consommation, qui ont pris ces années dernières un assez
grand développement, surtout en province. D'après les renseignements les plus récents, il y aurait aujourd'hui en
France environ 800 sociétés coopératives, réparties de la
manière suivante : 350 sociétés de consommation, 323 institutions de crédit mutuel, 123 associations de production.

A côté de ces trois formes d'association, les seules dont
nous nous soyons occupés, n'omettons pas de mentionner les
autres formes que peut revêtir la coopération, telles que les
sociétés pour l'achat des matières premières, pour la vente
en commun des choses fabriquées par les associés à domi-
cile, pour la fourniture des outils et machines, pour la cons-
truction de maisons ouvrières. L'exemple donné à Mulhouse
par un grand citoyen, M. Jean Dollfus, nous montre ce que
peut l'intelligence unie à l'amour désintéressé du bien.

Objet de la Loi du 24 juillet 1867.

Lorsqu'en 1863 fut présentée au Corps-Législatif une
nouvelle loi sur les sociétés, certaines personnes s'étonnèrent
de cette abondance de législation sur le même sujet. A peine
était-on quelque peu familiarisé avec la loi de 1856, que
celle de 1863 venait réparer les oublis du législateur. Et
voici que, deux ans à peine écoulés, il fallait remettre sur
le métier une œuvre tout récemment achevée. A ces critiques qui se sont produites en leur temps, on peut répondre
d'abord que chacune des lois précitées s'adressait à une
matière spéciale ; celle de 1856, aux sociétés en commandite
par actions, dont une spéculation effrénée avait fait de vrais

coupe-gorge ; celle de 1863, aux sociétés anonymes, pour créer parmi elles la sous-distinction des sociétés à responsabilité limitée. Puis, n'est-il pas naturel que dans un temps où le mouvement associationniste a pris un tel développement, la législation ancienne ait été prise au dépourvu en face de cas nouveaux ? Dès lors il était du devoir du législateur d'apporter des remèdes aux abus que la pratique révélait. Enfin , pour justifier sans réplique l'opportunité de la loi de 1867, l'on peut dire qu'elle a été faite surtout en vue des sociétés coopératives qui , jusqu'ici, n'avaient pas droit de cité dans le monde légal. Notons cependant que la loi de 1867, qui a cinq titres, ne consacre que le troisième aux sociétés dont nous nous occupons. Dans le titre Ier, le législateur s'est occupé des sociétés en commandite par actions, au sujet desquelles il a décidé que les actions qui étaient jusque-là négociables, après versement des deux cinquièmes, le seraient après celui du quart, et qu'au lieu de rester nominatives jusqu'à leur entière libération , elles pourraient être converties en titres au porteur après libération de moitié.

Le titre deuxième, qui a trait aux sociétés anonymes, se propose d'en faciliter l'organisation, en supprimant l'autorisation préalable, dont la loi de 1863 avait déjà dispensé certaines d'entre elles, et en leur permettant de se constituer par acte sous-seing privé; de plus est supprimée, pour les administrateurs, l'obligation d'être propriétaires, par parts égales, du vingtième du capital social et il leur est permis de se substituer, à leurs risques et périls, des mandataires étrangers à la société et dont ils sont responsables vis-à-vis d'elle.

Le Titre quatrième a modifié le système de publicité. Au

lieu d'imposer l'affichage de l'acte de société dans le prétoire — formalité dérisoire — la loi nouvelle donne à tout requérant la faculté de se faire délivrer une copie des statuts.

Enfin, le titre V et dernier, s'occupe des Tontines et des sociétés d'assurances sur la vie, et décide qu'elles restent soumises à l'autorisation et à la surveillance du gouvernement.

Tels sont les points saillants de l'ensemble de la loi ; mais nous avons dit qu'elle avait été faite surtout pour permettre aux sociétés coopératives d'exister légalement. Est-ce donc qu'auparavant celles-ci n'étaient régies par aucune loi ? est-ce que la loi les proscrivait ? est-ce que les tribunaux en méconnaissaient l'existence lorsqu'elles voulaient faire valoir leur droits ou leurs griefs? Non, certes ; mais les sociétés coopératives, qui avaient parfaitement le droit de se produire, en se soumettant aux règles générales des sociétés, ne trouvaient pas dans la loi commune des conditions favorables à leur existence et à leur durée. L'examen de la Législation antérieure à la loi de 1867, nous fera voir quelle était alors la situation difficile qui leur était faite.

Les sociétés coopératives dont nous avons parlé avaient dû, pour se constituer, adopter l'une des formes de sociétés consacrées par la loi. Elles avaient eu le choix entre la société civile et la société commerciale qui se divise elle-même, d'après le Code, en société en nom collectif, société anonyme et société en commandite ; cette dernière même, pouvant revêtir la forme de société en commandite par intérêts et commandite par actions. Ces différentes espèces de sociétés leur étaient-elles également favorables ? Pour répondre à cette question, il importe de rappeler les principes généraux propres à chacune de ces espèces

de sociétés ; nous connaîtrons par là quelles entraves s'op-
posaient à leur adoption sans réserve par les associations
coopératives.

§ 1. — Sociétés civiles.

L'étude spéciale que nous avons faite de la société en droit
romain nous permettra d'être sobre de développements en
droit français sur ce point. Les principes qui régissent ce
contrat dans les deux législations sont à peu près les mêmes.

Et tout d'abord la définition est la même; nous avons
même employé l'article 1832 pour définir la société en droit
romain. Nous avons également reconnu dans les deux législations commes conditions essentielles du contrat :

1° Le consentement des parties avec les qualités requises
dans tous les contrats, c'est-à-dire l'exemption de dol, de
violence ou d'erreur.

2° La nécessité d'un apport commun qui peut consister
en argent, ou en autres biens, ou en industrie, ou même en
crédit, c'est-à-dire en crédit commercial, lequel, disent
MM. Bravard et Demangeat (Dr. comm. 1, 157), est parfaitement appréciable en argent, et constitue un genre d'apport
très-moral, et vu très-favorablement par la loi.

3° L'intention de réaliser des bénéfices.

A ces trois conditions il faut ajouter les conditions habi-
tuelles à tout contrat et, en vérité, pas n'est besoin de rappeler
que le but de la société doit être honnête, licite, etc., puisque
c'est là une nécessité imposée d'une manière générale par
l'article 1133. Quant à l'article 1834, qui dispose que les
sociétés dont l'objet dépasse 150 francs, doivent être rédigées
par écrit, ce n'est pas autre chose que l'application de la règle
générale écrite en l'article 1341. Si cependant le Code l'a

répété, c'est qu'il a été inspiré par deux motifs ; le premier, de distinguer la société civile de la société commerciale qui exige un écrit *ad solemnitatem* pour une valeur quelconque ; le second, d'abolir les antiques sociétés taisibles, qui se trouvaient formées sans écrit ni déclaration expresse, entre personnes qui avaient habité et vécu en commun pendant l'an et jour. « Ces sociétés, dit le tribun « Bouteville, ne convenaient plus depuis longtemps à nos « mœurs; c'est pourqoi ce projet a eu soin de rappeler le « principe général. »

Le Code civil, après avoir posé ou plutôt confirmé ces bases fondamentales du contrat, s'occupe ensuite de la division des sociétés, des rapports des associés entre eux et avec les tiers, puis de la dissolution, Nous examinerons cette législation *secundùm subjectam materiam*, c'est-à-dire en mentionnant les dispositions principales qui pouvaient entraver l'organisation des sociétés coopératives.

De la division des sociétés en universelles et particulières, nous ne dirons rien, si ce n'est que la seconde espèce sut seule s'appliquer aux sociétés coopératives. On concevrait cependant que les sociétés de production pussent se constituer en sociétés universelles de gains, mais on leur fait déjà le reproche, lorsqu'elles sont particulières, d'absorber trop complètement l'activité de l'ouvrier; que serait-ce quand elles absorberaient aussi les meubles que chacun des associés possède, au temps du contrat (art. 1838), c'est-à-dire la plupart du temps, tout ce que possède l'ouvrier qui n'a guère d'immeubles ? Aussi, en fait, n'avons-nous pas d'exemples de sociétés universelles coopératives.

Au sujet des rapports des associés entre eux, nous remarquerons surtout les points suivants :

1º Chaque associé est tenu d'effectuer sa mise au temps convenu (art. 1845) et de la garantir.

2º Chaque associé répond des dommages qu'il a causés par sa faute, sans pouvoir compenser ces dommages avec les profits que sa diligence aurait procurés dans d'autres affaires (art. 1850).

3º Chaque associé est tenu de veiller et de pourvoir aux intérêts sociaux, comme aux siens propres. D'où résulte une dérogation aux règles générales de l'imputation (art. 1848).

4º Chaque associé est tenu de contribuer aux pertes, dans la proportion de la part qu'il prend aux bénéfices, c'est-à-dire en proportion de sa mise (art. 1853). S'il n'a apporté que son industrie, sa mise est censée équivaloir à celle de l'associé dont l'apport est le moindre. C'est une dérogation au droit romain et même au droit ancien, qui, en cas de silence du contrat, admettait l'égalité entre tous les associés.

Dans leurs relations avec les tiers, les associés sont soumis au principe de la mutualité, c'est-à-dire que leurs engagements les lient pour une portion virile et seulement dans cette proportion. Leur responsabilité se trouve ainsi à *priori* déterminée définitivement.

Enfin, la société civile finit par les modes ordinaires de résiliation des contrats, et notamment lorsque sa durée est illimitée, par la volonté qu'un seul ou plusieurs expriment de n'être plus en société.

Il semble qu'avec les règles que nous venons de résumer, les sociétés coopératives n'auraient pas eu trop de difficultés à s'organiser et à vivre. Cependant, en fait, toutes ont adopté une des formes commerciales, et, même dans un modèle de statuts, publié par le journal l'*Association* et précédé d'un exposé des motifs, on lit : « Les associations coopératives « sont des sociétés commerciales. »

Ne peut-on pas dire cependant que les sociétés de froma- gerie ou fruitières, dont nous avons déjà parlé et qui existent en grand nombre dans les montagnes du Jura, sont des sociétés civiles ? C'est une opinion qui paraît incontestable ; mais nous allons l'examiner pour avoir un exemple des diffi- cultés juridiques auxquelles s'exposeraient les coopérations. Les propriétaires qui exploitent leurs terres au moyen de l'élevage du bétail et de la fabrication des fromages qu'ils vendent ensuite en commun, ne font pas autre chose que ceux qui vendent les denrées provenant de leur crû ; pour être faite par plusieurs, la fabrication n'a pas un autre carac- tère que si elle était faite par un seul. Un arrêt de la Cour de Lyon, en date du 22 novembre 1850, proclame avec raison ce principe. Ainsi pense M. Troplong dans son traité des so- ciétés, n° 332.

Mais alors, si ce sont des sociétés civiles, elles sont absolu- ment soumises au titre IX (liv. III) du Code civil, à la fin duquel nous lisons cette disposition qui va singulièrement dérouter l'assurance de la jurisprudence : « Les dispositions « du présent Titre ne s'appliquent aux sociétés de commerce « que dans les points qui n'ont rien de contraire aux lois et « usages du commerce. (Art. 1873.) »

Ainsi, l'autorité des usages n'aura de valeur que si la société est commerciale, et cependant comment s'en passer dans notre matière? La Cour de Besançon, en deux arrêts, l'un de 1842, l'autre de 1845, a successivement décidé le pour et le contre. Il s'agissait de savoir si le mauvais vouloir des mem- bres d'une société fruitière pouvait fermer le chalet à un cultivateur du pays : « Attendu, dit le premier arrêt, que les

« associations formées pour établir des fromageries dans les
« montagnes sont fondées sur la nécessité et sur un *usage*
« immémorial; qu'elles dérivent de la nature des choses, *ont*
« *leurs règles particulières* (où? pourquoi?) ; que les carac-
« tères qui leur sont propres *doivent* les soustraire à l'appli-
« cation du droit commun ; que l'existence des associations
« fromagères constitue, pour les habitants des montagnes,
« une faculté permanente de faire recevoir le lait de leurs
« vaches dans l'endroit destiné à la fabrication des fromages. »
Cette décision était peut-être équitable, mais il faut avouer
qu'elle fait assez bon marché de l'article 1861, qui déclare
qu'on ne peut admettre un nouveau membre dans une société
civile, qu'autant que tous les associés consentent. Aussi, trois
ans après, la même Cour revient sur sa première solution, et
dit : « Attendu que les fromageries constituent des sociétés
« civiles, régies par les dispositions du droit commun ; que,
« par suite, l'existence et les conditions de ces sociétés doivent
« être constatées par écrit, et qu'un individu ne peut, pas
« plus qu'en matière de société ordinaire, prétendre au droit
« d'en faire partie, sans avoir le consentement de tous les
« autres associés. » Depuis cette arrêt, la jurisprudence
semble de nouveau pencher vers l'autorité des usages ; le
tribunal de Pontarlier autorise un sociétaire à vendre, à défaut d'administrateur délégué, les fromages qui sont au
chalet ; on ne peut arguer ici de l'article 1859, qui donne à
chaque associé le mandat de vendre les choses sociales, car,
d'après les règlements adoptés en ce temps-là, chaque fro-
mage était fait au nom d'un associé et devenait sa propriété ;
l'associé qui le vendait, vendait donc la chose d'autrui. Sur
la question de savoir si ces sociétés doivent se constituer par
écrit, même lutte entre l'influence des coutumes et le droit

positif. Enfin, dans un arrêt récent (11 janvier 1862), la Cour
de Besançon, saisie d'une demande en partage faite par un
associé, préfère encore céder à l'équité et à la considération
de l'utilité commune, plutôt qu'au texte des articles 1865 et
1869 ; elle consacre la perpétuité de la société et repousse la
prétention d'un associé qui, en se retirant de la société, demandait le partage du matériel et des ustensiles.

Et voilà à quelle confusion l'on arrive, lorsqu'après avoir
voulu poser des règles précises, on n'y veut rien changer,
« on s'applaudit du *statu quo*, comme dit M. Troplong (pré-
« face du Comm. sur les soc.), et qu'on se contente d'en ap-
« peler à la jurisprudence, pour tous les cas où il lui est
« permis de corriger des contours vicieux, des traits sans
« harmonie. »

Où le motif manque, la phrase règne.

Comme on le voit par cet exemple, il eût été imprudent de
pousser les ouvriers à adopter une réglementation aussi fé-
conde en difficultés. L'article 1869 seul, qui permet à tout
associé, nonobstant stipulation contraire, de faire prononcer
la dissolution de la société, suffisait pour empêcher l'adoption de notre loi civile. De plus, comment comparaîtrait-elle
en justice? L'article 69 du Code de procédure déclare qu'une
assignation suffit, quand la société est commerciale ; autrement, tous les associés doivent figurer en nom, et il faut
payer un droit d'enregistrement pour chacun d'eux.

Mais, pour nous, l'objection capitale est la difficulté qu'il y
a pour nos sociétés à rester dans les termes du contrat de
droit civil. La société de consommation ne reste civile qu'à
la condition de ne vendre, ou plutôt de ne distribuer qu'aux
associés. C'est ce que décide un arrêt de la Cour de Bourges,
du 19 janvier 1869. Or, condamner la société à ne pas faire

d'affaires avec le public, c'est la condamner à la ruine, attendu que le seul moyen de couvrir les frais généraux est de faire des opérations importantes. La société de crédit devra s'interdire toute demande de capitaux étrangers, et se priver ainsi d'une force considérable, d'un élément de succès indispensable à la prospérité d'une société un peu sérieuse. Quant à la société de production, comment ferait-elle pour rester civile? Elle aura forcément besoin de faire des achats de matières premières, à moins que l'on ne suppose une association n'ayant pour but que la location du travail de chacun de ses membres, comme une société d'arrimeurs, à Bordeaux, qui entreprenait le chargement et le déchargement des navires et partageait entre ses membres les sommes payées par les armateurs. La Cour de Bordeaux, par un arrêt du 28 juin 1836, l'a déclarée société civile. Mais ce n'est là qu'une exception peu importante, et la véritable société de production a pour but de transformer, dénaturer, perfectionner, et doit commencer par se procurer des matières premières, et, par suite, doit faire acte de commerce.

§ 2. — Sociétés de commerce.

Les sociétés coopératives devant être commerciales, par la force des choses, avaient le choix entre les trois types mentionnés par le Code de commerce. Lequel leur convenait le mieux et, en fait, lequel adoptaient-elles de préférence?

Nous ne parlons que pour mémoire de la société en participation, sur la nature de laquelle les interprètes ne s'entendent même pas et qui, dénuée de publicité, restreinte à certaines opérations déterminées, ne peut servir à une entreprise de longue haleine.

8

La société en nom collectif semble appropriée aux exigences de la coopération ; à tel point, que le gouvernement de 1848 avait imposé, aux sociétés qu'il subventionnait, l'obligation de se constituer en cette forme. Son caractère distinctif est la solidarité dont nous avons vu l'excellence préconisée par M. Schulze-Delitzsch. Il est en effet impossible de trouver un élément de prospérité plus solide. Chaque associé se déclarant tenu *in infinitum* de toutes les dettes, il suffit que l'un d'entre eux inspire au public une confiance certaine pour que la société prospère.

Mais cette qualité a été malheureusement considérée comme un défaut par les ouvriers français. Ils ont craint d'affronter les préliminaires indispensables aux futurs associés pour se bien connaître et s'apprécier à leur juste valeur. Dans leur désir de faire vite, ils n'ont pas voulu s'exposer à porter la peine des méfaits d'un associé de rencontre. C'est prudent, sans doute ; mais précisément, il faudrait qu'ils soient bien persuadés que la coopération, au moins celle qui s'applique à la production, ne prospérera jamais avec des membres pris au hasard. Le temps qu'ils mettraient à se bien connaître, avant d'entreprendre quelque chose, serait le temps le mieux employé, car ce n'est qu'à la condition d'une confiance réciproque, absolue, que l'œuvre peut réussir.

Quoi qu'il en soit, cette forme n'a guère séduit les ouvriers et la solidarité a été l'épouvantail qui les a empêchés d'adopter. Ils seraient du reste arrivés, peut-être, au même résultat, en considérant les difficultés que présente la législation sur ce point. Il faudrait en effet faire de nouvelles publications, chaque fois qu'un membre serait admis. De plus l'impôt des patentes s'accroît à raison du nombre

des associés ; malgré la réduction apportée par la loi du
16 mai 1850 en faveur des sociétés, le paiement du vingtième du droit fixe total imposé à chaque associé serait
énorme. Enfin, l'article 1863, notre implacable ennemi
dans toute cette matière, vient frapper de mort nos sociétés
en les déclarant dissoutes par la mort d'un associé. Peut-on recommander l'emploi de l'article 1868, qui permet de stipuler
que la société continuera avec l'héritier de l'associé ? Ce serait
souverainement imprudent dans une association qui est
fondée éminemment *intuitu personæ*, sur la considération
des qualités spéciales de chaque sociétaire. On ne peut donc
stipuler que la clause entre survivants. Mais alors c'est dé-
créter la mort de l'entreprise ; au lieu de gagner en importance, elle diminuera à chaque décès.

Ce n'est donc pas encore la société en nom collectif qui
peut nous assurer la mobilité du personnel, condition indispensable à la durée des sociétés coopératives.

Sera-ce la société anonyme ? Oui, sans doute, s'il ne nous
faut que cette qualité. La société anonyme est en effet
éminemment propre au remplacement d'une personne par
une autre, puisqu'elle n'est en définitive qu'une société de
capitaux dans laquelle les associés sont inconnus du public
et n'engagent que leurs mises. Peu importe que ce soit Pierre
ou Paul qui possède telle ou telle part de la fortune
sociale.

Mais à côté de cet avantage surgissent de nombreux et
graves inconvénients. Cette faculté de cessibilité qui est
précieuse pour chaque individu, peut devenir désastreuse
pour la société, si l'introduction de nouveaux membres dépend
entièrement du caprice de chacun. Si la société de consommation ne tient pas compte de la personnalité, il en est diffé-

remment des sociétés de crédit et surtout des sociétés de production. A cela il y a, disait-on, un remède. Que les statuts de la société déclarent que le transfert des actions sera soumis à l'approbation de l'Assemblée générale ou du conseil d'administration. De cette façon la société sera toujours maîtresse de son personnel.

Malheureusement deux objections très-graves venaient faire échec à cette proposition. Et tout d'abord, dans une société anonyme, est-il licite de stipuler que les actions peuvent être remplacées par des parts d'intérêts? L'article 34 du Code de commerce ne vient-il pas dire que l'action est de l'essence même de la société anonyme? Cette question a donné lieu à un brillant tournoi juridique entre deux hommes d'Etat jurisconsultes, MM. Ollivier et Rouher, lors de la discussion de la loi de 1867. L'opinion de celui-ci ayant prévalu, il faut admettre que la société anonyme peut se composer d'intérêts et non d'actions. Mais une autre difficulté nous attend.

Si l'assemblée refusait de consentir au remplacement d'un de ses membres, celui-ci se verrait forcé de rester dans la société. Car la loi ne veut pas que des individus soient condamnés à vivre dans une sociétété sans fin. C'est pour cela que lorsqu'ils n'ont pas la faculté de vendre leurs titres à leur guise, elle leur donne le droit, écrit dans les articles 1863 et 1869, de briser la société elle-même pour s'en dégager. Ce principe a été formellement proclamé par la jurisprudence, et notamment par un arrêt de la Cour de cassation du 1er juin 1869. D'où résulte pour la société ainsi constituée une menace d'instabilité permanente, destructive de toute prospérité possible.

Et ce n'étaient pas encore les seuls obstacles. Avant que

la loi de 1863 ne fût venue créer les sociétés à responsabilité
limitée, appelées fort heureureusement par M. Duvergier
sociétés anonymes libres, il fallait obtenir pour toute société
anonyme l'autorisation du gouvernement. Or, outre la répu-
gnance hautement avouée des ouvriers pour tout ce qui
émanait du gouvernement impérial, il y avait à surmonter
une série d'embarras, de démarches coûteuses qui pouvaient
paralyser le meilleur vouloir. Il y avait aussi la question de
frais qu'entraînait la rédaction des actes de sociétés en forme
authentique. Ces deux entraves ont disparu depuis la loi
de 1867. Plus d'autorisation préalable, plus d'acte notarié.

Mais reste encore une difficulté à surmonter au sujet de
la constitution du capital social. La valeur des actions
ne peut être inférieure à 100 francs, si le capital est
de 200,000 francs ou au-dessous, ni à 500 francs si le capital
est supérieur à ce chiffre ; de plus la société ne sera constituée que du moment où la totalité du capital aura été
souscrite et le versement du quart effectué. Enfin les administrateurs doivent être propriétaires, par parts égales, du
vingtième du capital social.

Comment de pauvres ouvriers auraient-ils pu remplir
toutes ces conditions ? Il fallait de toute nécessité abaisser,
comme ils le demandaient, les barrières de la loi au niveau
de leur faiblesse et alors la société anonyme avait des
chances d'être adoptée ; elle a le grand avantage de flatter les
associés en laissant à chacun d'eux l'exercice de sa souveraineté et la plénitude de ses droits vis-à-vis du capital
social.

Ce qui contrarie les ouvriers dans la société en commandite, c'est qu'ils sont précisément contraints, dès l'abord à
une sorte d'abdication entre les mains du gérant et que, de

plus, dans la commandite par actions du moins, ils rencontrent les mêmes difficultés que dans la société à responsabilité limitée. Même nécessité de la division du capital en
actions de 400 ou de 500 francs, de la souscription de la
totalité du capital, du versement par chaque actionnaire du
quart des actions qu'il a souscrites; enfin impossibilité de
céder l'action avant que les deux cinquièmes au moins aient
été versés.

La loi de 4856 s'est montrée rigoureuse pour les sociétés
en commandite par actions. Elle fut faite pour empêcher la
reproduction des scandales financiers auxquels avait donné
lieu ce genre de société. Son but était précisément d'empêcher les petites épargnes de se laisser prendre aux séductions des fondateurs de compagnies, des entrepreneurs
habiles et audacieux, qui trop souvent, dans les années
précédentes, avaient résolu le problème de la création d'une
entreprise qui enrichissait ses gérants et ruinait ses actionnaires. Alors fut prescrit par la loi, sous peine de nullité de
la société, l'établissement d'un conseil de surveillance
composé de cinq actionnaires au moins et chargé de surveiller : 4° si la société est réellement constituée; 2° si les
inventaires ne sont pas frauduleux ; 3° si les dividendes ne
sont pas fictifs. C'est en effet au moyen d'inventaires fantai-
sistes que les gérants pouvaient abuser les actionnaires sur
l'état réel des affaires et faire dans la caisse-capital des prélèvements destinés à entretenir, pendant un certain temps,
les illusions des dupes.

Puis, un beau jour, quand les gérants avaient suffisamment spéculé sur la hausse et la baisse factice des titres
de la société, la distribution de dividende s'arrêtait net et
l'on constatait que leurs apports déclarés n'étaient que des

fictions impuissantes à couvrir les engagements de leurs
auteurs. Il ne restait qu'une ressource aux malheureuses
victimes de cette escroquerie, la plainte au parquet : conso-
lation toute morale, qui ne rendait pas la fortune en-
gloutie.

Le législateur voulut donc restreindre les libertés laissées
jusqu'ici à la société en commandite par actions, *cette reine
ambitieuse de l'industrie*, comme dit M. Troplong dans son
style imagé, qui était considérée par beaucoup comme un
agent miraculeusement découvert pour régénérer l'économie
commerciale. Le but avoué de la loi était surtout d'écarter
les petites bourses de ces entreprises souvent ténébreuses,
d'où l'on peut *à priori* penser que les sociétés coopératives ne
trouveront pas encore là les facilités dont elles ont besoin.
Avant 1863, du reste, existait une prohibition suffisante à
elle seule pour interdire aux ouvriers l'adoption de cette
forme. L'article 27 du Code de commerce empêchait tout
associé commanditaire d'être employé pour les affaires de
la société. La jurisprudence s'était déjà prononcée contre
cette interprétation trop judaïque d'une disposition aussi
exorbitante, lorsque la loi de 1863 est venue déclarer que
l'associé commanditaire est incapable seulement de faire
aucun acte de gestion.

Quant à l'étendue des pouvoirs du gérant, qui est tellement absolue qu'en principe les commanditaires ne peuvent
le révoquer, ce sera, avons-nous dit, une raison de défaveur
pour cette société. Il est vrai, cependant, que la majorité
des auteurs et la jurisprudence valident la clause qui permet
de révoquer le gérant en assemblée générale. Mais c'est
un point qui est et peut être contesté ; or n'est-il pas dangereux d'entrer dans une voie hérissée de difficultés juridiques,

alors que les difficultés de premier établissement sont déjà
si nombreuses. Pour nous, nous pensons que les motifs
qui ont porté le législateur à écarter les bailleurs
de toute immixtion dans les affaires de la société, de tout
contact avec les tiers ne se retrouveront plus quand il s'agit
de faire prononcer la déchéance d'un gérant par l'ensemble
des actionnaires. Le législateur en faisant l'article 27 a été
inspiré par la crainte que les tiers, voyant un simple commanditaire s'occuper de l'exploitation, ne s'imaginent qu'il
est tenu complètement des engagements sociaux, tandis
qu'il ne se trouve tenu que jusqu'à concurrence de sa mise.
Mais cette sollicitude n'a plus de raison d'être du moment
qu'il s'agit d'une intervention générale et momentanée de
de tous les actionnaires. Celui qui serait assez peu avisé
pour ne pas mesurer sa confiance à l'importance des mises
de chaque bailleur de fonds, ne mériterait plus alors la
protection de la loi; il ne pourrait décemment alléguer son
erreur en face d'une situation aussi nette.

La commandite simple, ou commandite par intérêts, est
encore la forme qui répond le mieux aux besoins
de la coopération et qui a été, du reste, le plus en faveur.
Son adoption a été recommandée par un des principaux
organes de l'agitation coopérative, le journal l'*Association*.
Chez elle, en effet, l'unité numérique constitutive est bien
une individualité; l'associé n'est plus un étranger qui achète
une action, mais un ouvrier agréé par ses pairs; de plus, il
n'y a plus à craindre ici les dangers de la solidarité comme
dans la société en nom collectif, et enfin les versements
peuvent être d'importance différente; l'article 34 du Code
de commerce, n'est plus là pour prescrire la division du
capital en fractions égales.

Malheureusement, à côté de ces avantages se trouvent
des difficultés qui n'ont pu être tournées qu'en torturant la
lettre du Code et en dénaturant son esprit. Et tout d'abord
comment échapper à la menace de dissolution par la mort
des associés ? Les statuts stipuleront-ils que la société continuera quand même ? Mais c'est lui enlever son caractère
personnel. Le Code de commerce n'admet pas cette stipulation. Comme on le sait, le législateur de 1807 est
classificateur ; il se plaît à tracer les règles essentielles
et constitutives de chaque sorte de société avec une préci-
sion rigoureuse qui ne laisse aucune prise à la volonté
des contractants. Ce sont les compartiments d'un cadre
unique, dans l'un desquels doit entrer de gré ou de force
toute société qui se fonde. Que résulte-t-il de là ? C'est qu'il
arrive un jour où le cadre se trouve trop étroit et menace
d'éclater devant l'imprévu.

Et s'il éclate ; si les associés empruntent aux diverses
formes de société des lambeaux de réglementation pour en
faire une société mixte ; si, par exemple, comme le conseille
le modèle des statuts du journal l'*Association*, on introduit
dans la commandite, par intérêts, une assemblée, un conseil
de surveillance, toutes institutions réservées à la commandite par actions, quelle peut être la valeur absolue de ces
stipulations ?

Qu'une contestation s'élève, et c'est ce qu'il faut prévoir ;
que le bon accord disparaisse, et que la justice soit saisie
d'une demande qui attaque les bases même de l'association.
Que décidera-t-elle, partagée entre le désir d'être équitable
et le devoir non moins pressant de faire respecter la loi ?
Jusqu'ici, grâce à la tolérance des tribunaux, grâce à l'absence de procès entre les coopérateurs, les quelques sociétés

dont nous avons parlé avaient pu subsister, malgré les périls et la fragilité de leur situation au point de vue légal. Mais la jurisprudence est très-sujette à varier. Qui nous dit que certains juges, se défiant — et non sans raison — de l'*æquitas cerebrina*, et préférant suivre fidèlement le texte de la loi plutôt que les *bonos veteres usus*, ne feraient pas droit à des plaideurs qui ne demanderaient pas autre chose que la stricte application du Code de commerce? De plus, il n'est pas digne d'une législation de laisser subsister des empêchements à l'accomplissement de ce qu'elle croit être un progrès.

Les autres nations, du reste, qui nous avaient déjà précédé dans l'organisation des sociétés coopératives, venaient de nous montrer aussi par leur exemple que la législation ancienne était insuffisante. En Angleterre, une loi du 7 août 1862 était intervenue, ayant pour titre : « Acte qui confirme « et amende les lois relatives aux sociétés industrielles et de « prévoyance. » En Prusse, le 11 mars 1867, fut promulguée une loi spéciale, complète, réglant toutes les conditions d'existence des associations coopératives, les formalités de leur constitution, leur organisation, leurs relations intérieures et extérieures.

On ne pouvait en France différer plus longtemps de lever les obstacles à la création des sociétés ouvrières : lesquels, en résumé, comme nous l'avons vu, consistait dans la fixité du capital et du personnel, dans l'impossibilité de modifier ces deux éléments sans une liquidation, sans une publicité ruineuse pour des intérêts modestes. Le problème, il faut l'avouer, était assez difficile à résoudre, si l'on songe aux intérêts contraires qu'il fallait ménager : intérêts du tiers, intérêts de la société elle-même, intérêts de chacun des associés. Il fallait une loi qui permît aux ouvriers d'entrer dans la société et d'en sortir, d'y apporter leurs épargnes et de les en retirer le jour où ils voudraient chercher fortune ailleurs — le tout sans priver la société des éléments essentiels à son existence. Enfin, il fallait donner satisfaction aux plaintes des ouvriers qui reprochaient légitimement aux lois générales de les priver des bienfaits de la société en commandite ou de la société anonyme, par l'élévation du chiffre de l'action ou du coupon d'action et l'obligation d'en verser le quart pour constituer régulièrement la société.

Voyons comment notre législateur a résolu la question.

Loi du 24 juillet 1864.

« La création de la société à capital variable est, à vrai « dire, le but de la loi qui nous est présentée. » Ainsi s'exprime un député dans la discussion générale.

Cette affirmation est un peu trop exclusive. Nous avons vu, en effet, que sur les cinq titres qui composent notre loi, le troisième seulement est consacré aux sociétés coopératives. Mais il n'en est pas moins vrai que ce qui fait l'originalité de cette loi et ce qui a été la principale cause de son existence, c'est l'introduction dans le droit positif de la nouvelle espèce de société dont nous nous occupons.

Nous n'avons pas à nous occuper des articles 1 à 47 ; mais nous ne pouvons aborder l'explication de notre titre sans avoir raison de la controverse célèbre, sous les auspices de laquelle fut faite la loi tout entière.

A la suite des deux lois de 1856 et 1863 : la première, très-restrictive de la liberté des conventions ; la seconde, au contraire, très-favorable à la même liberté, bien des personnes se demandèrent s'il n'y avait pas un moyen d'en finir avec ces oscillations de la balance législative, tantôt en faveur de l'actionnaire, tantôt contre lui ; tantôt pour, tantôt contre la liberté des transactions, selon le vent qui souffle dans les régions économiques ou même politiques. L'œuvre législative est-elle donc un thème à corriger sans fin, une toile de Pénélope à recoudre sans relâche? Et certains jurisconsultes, animés des plus louables intentions, se mirent courageusement à élaborer pour le contrat de société une loi d'ensemble, une charte générale et constitutionnelle applicable à tous les temps, et même, si c'est possible, à tous les pays. Ainsi firent MM. Vavasseur et Jay en 1865, lorsque le conseil d'Etat était encore en train de préparer le projet de loi qui devait venir en discussion deux ans plus tard. Le point saillant de leur système est la création d'un quatrième type de société : la *société mixte*, pouvant être composée d'éléments divers empruntés à l'une et à l'autre des trois formes normales désignées par la loi, et n'ayant d'autres limites que ces principes généraux fondés sur le droit naturel et qui sont la première loi de toute législation civilisée. Ce n'est pas autre chose que l'introduction dans notre législation de la liberté réelle, entière et définitive du contrat de société. Les honorables jurisconsultes précités en conviennent eux-mêmes.

L'idée fondamentale de leur système fut ensuite patronnée et présentée dans toute sa simplicité au Corps-Législatif par M. Ollivier. Ce député, dans un discours remarqué en son temps, s'attacha à démontrer que la complète émancipation des sociétés commerciales était la seule solution pratique et définitive de ce problème incessamment agité de l'organisation et de la législation des sociétés de commerce. Tout son amendement est renfermé dans la disposition suivante :

« La loi ne régit les sociétés de commerce qu'à défaut de
« conventions spéciales. »

L'orateur justifie cette clause par des considérations tirées
de sa légitimité d'une part, et, d'autre part, de l'impuissance
de la réglementation sur une législation éminemment de
bonne foi comme la loi commerciale. « Dès qu'une personne
est majeure, dit-il, capable, maîtresse de ses droits, qu'elle
n'est ni pourvue d'un conseil judiciaire, ni frappée d'interdiction, qu'elle est *mentis compos*, elle doit avoir, en ce
qui touche la constitution des sociétés commerciales, une
capacité égale à celle dont elle jouit sans contestation dans
tous les actes de la vie civile et politique. » Pourquoi n'en
serait-il pas de même qu'en matière de contrat de mariage,
où le législateur n'intervient qu'à défaut de conventions? Si
le législateur n'impose de réglementation que par sollicitude
pour des intérêts particulièrement respectables, il n'est pas,
que je sache, d'association plus digne d'intérêt et de protection que l'association conjugale. Et cependant, liberté complète pour toutes conventions qui ne sont pas contraires aux
bonnes mœurs et à l'ordre public (art. 1389).

D'autre part, l'histoire nous apprend que toutes les tenta-
tives faites pour subordonner la volonté des parties à des règles
inflexibles ont été vaines. L'ordonnance de Colbert, comme
le Code de 1807, ont été, aussitôt après leur naissance, dé-
bordés par la force de la coutume commerciale et par la nécessité de donner satisfaction aux intérêts nouveaux successivement révélés. C'est ainsi qu'à peine était imposée aux
sociétés anonymes l'obligation d'obtenir l'autorisation du
gouvernement, le commerce a créé la commandite par actions, puis la faculté pour les actionnaires de révoquer le
gérant, et même de s'immiscer dans l'administration dudit

gérant, jusqu'à soumettre certains de ses actes les plus im-
portants au bon plaisir du commanditaire. Arrivé là, le droit
commercial n'avait-il pas complètement tourné la loi positive et déclaré au gouvernement que son autorisation n'était
nullement nécessaire pour constituer l'équivalent d'une société anonyme ? A chacun de ces empiètements, les jurisconsultes avaient sans doute protesté, mais les juges consulaires
n'écoutaient pas leurs arguments de texte et faisaient ce que
toujours avaient fait leurs prédécesseurs ; ils donnaient la
préférence à la solution commandée par l'intérêt évident du
commerce. Ce que voyant, le législateur ne ferait-il pas bien
de supprimer une fois pour toutes ces entraves dont l'expérience lui démontre l'impuissance et l'inutilité ? Faut-il donc
qu'il attende que la pratique quotidienne ait forcé ses lignes
de défense par des attaques de détail pour lui donner gain
de cause ? Est-ce d'un bon exemple de permettre que le
texte de la loi soit ainsi battu en brèche impunément et avec
l'alliance des tribunaux ? Qu'est-ce qu'une législation qui
attend toujours que les faits viennent en forcer la modification et qui ne sait que parer au jour le jour aux difficultés
du moment ? Législation d'expédients, et par suite impro-
visée. En 1868, la demande de la suppression de l'autorisation paraissait téméraire ; deux ans après, il fallait se rendre
à l'évidence, adorer ce qu'on avait brûlé, et réciproquement.
A cela, il n'y a qu'un remède, la liberté entière, sans limites,
cette liberté que, dans la commission d'enquête, tous réclam-
ment, sans distinction d'origine et de nuance. Et avant eux
déjà, Mirabeau, dont le vaste esprit avait touché tous les
sujets, dans une brochure publiée en 1787, et intitulée :
Dénonciation de l'agiotage au roi et à l'assemblée des notables,
avait déjà dit : « Faut-il proscrire tout agiotage et sévir

« contre des conventions libres? Non ; pas même quand
« ces conventions sont nuisibles aux contractants ; leur liberté
« est plus importante encore que les richesses. » A cette
liberté absolue, il faut seulement que soit jointe comme
correctif nécessaire une publicité aussi étendue que possible.
Que la loi soit très-sévère sur ce dernier point ; qu'elle exige
impérieusement, qu'elle frappe impitoyablement. Son devoir
et même son seul droit incontesté est d'aplanir les voies et
de les éclairer. C'est à l'individu qu'il convient de laisser le
soin de se guider.

Ce système, cependant, n'a pas prévalu. Le Conseil d'Etat,
pas plus que la commission du Corps-Législatif, n'a pensé
que les temps étaient venus d'émanciper absolument la coutume commerciale. L'objection — on la prévoit de reste —
consiste à dire que le public a besoin d'être protégé par la
loi contre les manœuvres dolosives des faiseurs de sociétés.
Le souvenir des scandales financiers qui ont ruiné bon
nombre de malheureux actionnaires est encore trop présent
à l'esprit pour que le législateur ne se croie pas le devoir
d'en prévenir le retour. Il a semblé trop dur d'adopter ce
système du laissez-faire et du laissez-passer qui pleure sur
les vaincus et ne les relève pas. La publicité que les partisans du système de liberté absolue donnent comme suffisante
pour en réprimer les abus est sans doute une excellente
chose, mais à la condition qu'elle soit réelle et non renfermée
dans les illusions de la théorie ; le législateur doit tenir
compte des faits. Or, l'expérience enseigne que les actionnaires ne lisent pas les statuts ; que, s'ils les lisent, ils ne les
comprennent pas, et qu'il serait cruel de les laisser duper,
quand il est si facile de les protéger contre les audacieuses
entreprises des chevaliers d'industrie et contre leurs propres

entraînements. Et puis, une sage réglementation sera utile à
la société elle-même qu'il s'agit de fonder. Les tiers sauront
d'avance qu'elle n'a pu se constituer sans qu'aient été respec-
tées certaines règles légales concernant sa constitution, la
fixation de la valeur des apports, les pouvoirs des administrateurs. De quel crédit pourrait jouir une société dont le
capital serait divisible en actions de un franc ? Ce serait une
vraie loterie ; les actionnaires ne seraient que des joueurs à
la hausse ou à la baisse. Quant aux apports, peut-on admettre que l'évaluation en soit absolument libre ? On se rap-
pelle encore cette société des carrières de Ménilmontant qui
n'avaient pas d'autre carrière à exploiter que la crédulité
de ses actionnaires ; faut-il que le public soit dupe de ce
moyen plus qu'ingénieux de donner de la valeur au néant
ou à l'infiniment petit et qu'on appelle la majoration ? Enfin,
si dans un moment d'entraînement et d'enthousiasme irré-
fléchi pour les mérites d'un gérant quelconque, les actionnaires se livrent à lui pieds et poings liés, lui abandonnent
in æternum la direction de l'affaire, faudra-t-il que la loi
tolère une dictature, un mandat irrévocable ?

Les pays étrangers, du reste, dont on aime à citer
l'exemple, l'Angleterre et l'Allemagne, n'ont pas cru devoir
abandonner toute réglementation, et, en ce qui concerne les
sociétés à capital variable notamment, dès 1852, un bill anglais intervenait qui prévoyait pour cette société un mode
de formation, d'administration et de responsabilité vis-à-vis
des tiers. Ce bill, en 1862, fit place à la loi dont nous avons
parlé. De même M. Schulze, l'apôtre passionné de la liberté
individuelle, n'a pas cru pouvoir se passer du secours de
l'Etat, et son projet de statuts a été la base de la loi prus-
sienne sur notre matière.

Tels sont, en substance, les arguments mis en œuvre dans l'un et l'autre camp. Quel que soit le mérite des considérations de détail qui militent en faveur du dernier système, nous croyons que le législateur aurait pu adopter le principe de la liberté des conventions, et qu'un jour viendra, qui n'est peut-être pas loin, où il regrettera de ne l'avoir point fait, s'il surgit jamais une entreprise quelconque qui puisse reprocher à la réglementation actuelle de l'avoir entravée. Sans doute, la loi nouvelle procède d'une pensée libérale ; elle supprime un grand nombre d'entraves, mais elle en conserve encore ; elle n'est plus la réglementation excessive, mais elle n'est pas la liberté complète. Cette situation mixte et intermédiaire est plus dangereuse que l'on ne croit. Façonnés de longue main à la réglementation, les intérêts doivent être ou tout à fait guidés, ou tout à fait émancipés. Il faut leur donner ou la sécurité des réglements, ou les mœurs viriles de la liberté. Autrement, l'Etat sera toujours considéré comme auteur responsable des mécomptes individuels, et ce sera la punition de son intervention inopportune.

L'adoption du principe de liberté absolue eût rendu complètement inutile toute loi nouvelle sur les sociétés. Les parties qui n'auraient pas voulu préciser les détails de leur convention n'auraient eu qu'à dire, en somme, qu'elles adoptaient la société en nom collectif, ou telles autres formes, comme les futurs époux qui ne font pas de contrat peuvent se contenter de dire qu'ils se marient sous tel ou tel régime, dont les règles sont au Code. De la sorte, ceux-là seuls qui se sentent trop faibles pour rédiger des statuts s'en seraient remis à la direction du législateur ; les auteurs plus indépendants d'allures, et avec cette confiance légitime que donne le sentiment de la responsabilité, auraient eux-mêmes fait

9

leur loi particulière. Le législateur a voulu imposer à tous certaines conditions qu'ils ne peuvent éviter. Voyons comme il a compris son rôle dans notre matière.

Il se trouvait en présence de deux méthodes qui lui étaient également recommandées. La première consistait à dresser d'abord une liste des sociétés coopératives, puis à faire une loi complète, spéciale, réglant toutes leurs conditions d'existence, les formalités de leur constitution, leur organisation, leurs relations intérieures et extérieures. C'est ainsi que l'on a procédé en Prusse. L'autre méthode se borne à modifier la législation générale des sociétés, en ce qu'elle a de contraire aux exigences de la coopération ; de façon que les sociétés dont nous nous occupons ne forment pas une espèce particulière, mais une variété de chacune des espèces déjà connues.

Le premier système fut d'abord adopté par le Conseil d'Etat qui, dans l'article 51 de son premier projet, présenté au Corps-Législatif le 28 mars 1865, définit ainsi les sociétés de coopération :

« Ce sont celles qui ont pour objet :

« Soit d'acheter, pour les vendre aux associés, des choses « nécessaires aux besoins de la vie ou aux travaux de leur « industrie ;

« Soit d'ouvrir aux associés des crédits et de leur faire des « prêts ;

« Soit d'établir pour les associés des ateliers de travail en « commun et d'en vendre les produits, soit collectivement, « soit individuellement. »

Mais la commission du Corps-Législatif trouva, et avec raison, cette énumération trop restrictive. L'article 51 ne mentionnait que les sociétés de consommation, de crédit et de production ; or, nous en avons vu d'autres. C'est ce que révéla l'enquête ordonnée depuis le dépôt du projet. De plus, la rédaction interdisait aux sociétés de consommation le droit de vendre à d'autres qu'aux associés. Or, nous avons vu que c'est leur enlever un élément essentiel de prospérité. En conséquence, le Conseil d'Etat modifia son article 51 et embrassa dans sa nouvelle rédaction toutes les applications connues jusqu'ici de l'idée coopérative. Furent déclarées telles les sociétés qui ont pour objet l'une ou plusieurs des opérations suivantes :

« Acheter, pour les vendre aux associés seuls ou aux
« associés et aux tiers, des choses nécessaires aux besoins de
« la vie ou aux travaux de leur industrie ;

« Construire des maisons pour les associés ;

« Ouvrir aux associés des crédits ou leur faire des avances;

« Vendre le produit de travaux exécutés par les associés,
« isolément ou en commun ;

« Enfin, faire en commun des travaux en exécution de
« traités ou de marchés. »

Cette nouvelle rédaction, pas plus que la première, ne passa sans critique. On lui reprochait également de parquer le mouvement coopératif dans des formes précisées d'avance. Or, qui peut prétendre que l'avenir n'en révèlera pas de nouvelles? Seront-elles alors exclues du bénéfice de la loi, en attendant qu'on en fasse une autre?

D'autre part, les délégués des sociétés ouvrières entendus à l'enquête déclarèrent qu'il leur répugnait d'être l'objet d'une loi privilégiée, que les facilités qu'ils demandaient devaient être accordées à tous, et qu'ils n'entendaient pas restreindre à leur profit les avantages d'une loi sur la coopération seule.

Cette susceptibilité a obtenu les éloges de certains écrivains, et notamment de M. le conseiller d'Etat Bayle-Monil-
lard, commissaire du gouvernement, chargé de soutenir la
discussion de la loi de 1867; pour nous, elle nous paraît
exagérée ; nous ne voyons pas en quoi la dignité des ouvriers
se trouverait blessée, parce que, pour des entreprises d'une
nature déterminée, on établirait des règlements spéciaux.
Est-ce là créer une classe à part, comparable à la 193e cen-
turie de Servius Tullius? Nullement. On chercherait vaine-
ment ce qui a pu faire dire que ce serait établir deux catégories entre les citoyens, comme le prétend une lettre de
quarante-huit gérants de sociétés coopératives au journal
l'*Association*.

Une autre raison tout aussi contestable que celle-là vint
faire disparaître du titre de la loi le mot coopération.
Société de coopération, a-t-on dit, c'est société de société ;
toute société est une coopération ; la loi ne doit pas sanc-
tionner un pléonasme aussi outrageant. Mais quoi ? l'usage
n'a-t-il adopté cette expression ; la langue scientifique elle-
même ne se l'est-elle pas appropriée ? Dès lors, que signi-
fient ces pruderies grammaticales ?

La critique la plus sérieuse que nous puissions mentionner
est celle qui porte sur ce que, pour désigner nos sociétés, le
législateur considère leur objet, lequel est éminemment mul-
tiple, tandis qu'il vaut mieux s'attacher au caractère, que l'on
doit toujours retrouver, et qui est la mobilité du capital et
du personnel.

Lors donc qu'une société quelconque aura admis dans ses
statuts la clause de variabilité que nous venons de dire, elle
se trouvera soumise à la réglementation à la fois extensive et
restrictive des articles 48 à 54. Nous rappelons sous quel rap-

port l'insertion de cette stipulation eût été désastreuse ou
illégale avant la loi de 1867. Il était sans doute permis à
chaque associé d'augmenter son capital, soit par suite de
versements successifs faits par les associés, soit par l'admission d'associés nouveaux. Une société peut toujours augmenter son capital et admettre de nouveaux membres ; ce
n'est qu'augmenter son crédit. Mais ces modifications, pour
être opposables aux intéressés, devaient être rendues
publiques dans les formes imposées par les articles 42, 43 et
44 du Code de commerce. Remise d'un extrait des actes de
société au greffe du tribunal d'arrondissement, affichage
dudit extrait dans la salle d'audience, insertion dans un
journal d'annonces judiciaires, toutes ces formalités eussent
été impossibles à remplir ou ruineuses; et, en fait, les sociétés coopératives ne s'y sont jamais soumises.

Quant à la clause de diminution du capital, elle n'était rien
moins que contraire à l'ordre public. La législation la proscrivait formellement. Les apports des associés formant le
capital social, les gages des créanciers ne pouvaient être re-
pris sans publicité. A la retraite de chaque associé, la société
aurait dû se dissoudre et procéder à sa liquidation, pour voir
la part nette revenant à l'associé démissionnaire. Il eût été
impossible à une entreprise de fonctionner en se soumettant
à de telles exigences. Aussi, en fait, les sociétés fondées jusqu'en 1867 s'étaient-elles contentées de restituer à chaque
associé son apport, déduction faite de sa part dans la dette
sociale. Ce mode expéditif de règlement pouvait donner lieu
à des réclamations fort légitimes, appuyées sur le texte même
de la loi.

Aujourd'hui il n'est plus de même. L'article 48 est formel :
« Il peut être stipulé dans les statuts de *toute* société, que le

« capital social sera susceptible d'augmentation par des
« versements successifs, faits par les associés ou l'admission
« d'associés nouveaux, et de diminution par la reprise totale
« ou partielle des apports effectués. »

Ainsi donc, d'après la rédaction définitivement adoptée,
ceux qui désirent profiter des avantages de la coopération,
doivent commencer par adopter l'une des formes ordinaires
d'association, celle qui leur paraîtra la meilleure ; nous leur
conseillerons, par exemple, la société en nom collectif, s'ils
veulent fonder une société de crédit; la commandite simple
s'ils entendent former une société de production ; l'anonymat
pour une société de consommation ; l'association en participation dans le cas où ils borneraient leur ambition à l'entreprise d'un travail particulier, et cette dernière espèce de
coopération est celle, qui, au dire d'hommes compétents,
offre le plus de chances de réussite et se prête le mieux à
l'union des forces privées de capital. Enfin, ils auront toujours à leur disposition la société civile qui peut leur ouvrir
le point de départ lorsqu'ils travailleront à grouper leurs
épargnes, pour arriver à la formation de la première mise de
fonds.

Cela fait, ils ajouteront aux règles générales de la matière,
la clause précitée, de sorte qu'à vrai dire la loi n'a pas donné
droit de cité à une nouvelle espèce de société, mais elle
s'est contentée de permettre l'adjonction d'une modalité
jusqu'ici illicite ou contestable. Aussi notre titre III, par
suite de ce changement dans les vues du législateur, a-t-il
perdu son titre primitif. Il ne s'agit plus de sociétés coopératives, le mot même a disparu et fait place à cette formule
large et élastique :

. « *Dispositions particulières aux sociétés à capital variable.* »

Toutes personnes voulant se livrer à un commerce quelconque, à l'exploitation d'un hôtel, d'une usine, pourront insérer la disposition de l'article 48 et bénéficier de la variabilité du capital et du personnel. Nous n'avons pas reproduit les restrictions de la loi anglaise du 7 août 1862, dont l'article 3 excepte formellement les mines et carrières, ainsi que les affaires de banque.

Mais cette formule donnée par l'article 48 est-elle sacramentelle? Faut-il absolument que les parties reproduisent, sinon les termes, au moins toutes les idées contenues dans l'article. Devront-ils accepter le tout ou leur sera-t-il loisible d'en prendre une partie et de rejeter le reste? en d'autres termes la clause est-elle indivisible?

A première vue, il semble que toutes les parties de l'article 48 se tiennent, mais un instant de réflexion suffit pour convaincre que cette disposition étant une énumération de faveurs accordées par la loi, aucune d'elles ne peut être imposée. Du reste, quelle stipulation peut-on songer à écarter? Ce n'est guère la stipulation d'augmentation de capital, car laisser subsister la faculté de reprise et de retraite, sans permettre de combler les vides, c'est condamner l'œuvre à une mort certaine, et il est peu probable que l'on aura jamais une semblable idée. Il ne se peut donc agir que de la faculté de diminution. Or, sur ce point, nous avons la parole formelle d'un membre très-autorisé de la commission, M. Ollivier, qui nous dit : « L'article 48 n'impose pas obli- « gatoirement la reprise des apports. Cette reprise partielle « n'est écrite dans la loi qu'à titre de faculté. Si les sociétés « coopératives pensent qu'elle a des inconvénients, elles « n'ont qu'à en exclure la possibilité par une disposition des « statuts, et décider que la reprise totale seule pourra avoir

« lieu. » Nous pensons qu'à *fortiori* les sociétés pourront déclarer que la reprise totale sera interdite; c'est ce qui résulte
du reste de l'article 52 § 1 de notre loi : « Chaque associé
« pourra se retirer de la société quand il le jugera conve-
« nable, *à moins de conventions contraires....* »

Enfin l'article 51 vient, s'il en était besoin, apporter à
notre thèse l'appui d'un nouvel argument. Cet article détermine une somme au-dessous de laquelle le capital ne
peut être réduit; si les statuts n'ont rien dit, le minimum
est le dixième du capital social. Mais les parties restent
libres de fixer le maximum. Que la reprise leur soit
imposée, elles pourraient la restreindre dans des limites telles
que l'obligation serait absolument dérisoire; rien ne serait plus
facile que de permettre des reprises de quelques centimes
seulement. La loi ne peut pas être à ce point illusoire, et
nous devons penser que sur cette question, elle laisse toute
liberté aux parties.

La deuxième partie de l'article 48 est ainsi conçue : « Les
« sociétés dont les statuts contiennent la stipulation ci-dessus
« seront soumises, indépendamment des règles générales
« qui leur sont propres, suivant leur forme spéciale, aux
« dispositions des articles suivants. »

Cet article a soulevé une très-grave objection. On a dit :
Les dispositions suivantes ne peuvent pour la plupart s'appliquer qu'à des sociétés par actions. Ainsi l'article 49 fixe
le capital maximum que chaque société pourra réunir à sa
naissance, l'article 50 s'occupe du taux , de la forme et de
la négociation des actions. Serait-ce que la loi actuelle ne doit
réglementer que les sociétés qui acceptent la division de
capital en actions ? Or, c'est le petit nombre; sur les 100 à
150 qui existent actuellement à Paris, il n'y en a que 9 qui

soient fondées par actions ; toutes les autres sont des sociétés personnelles, constituées par portions d'intérêts qui ne peuvent être négociées.

On peut répondre que l'historique de la rédaction de la loi ne peut laisser subsister aucun doute sur l'étendue de son application. Le premier projet proposé par le Conseil d'Etat portait : « Il pourra être stipulé dans les sociétés « en commandite par actions et les sociétés anonymes... » Sur la demande de la commission, ces derniers mots furent supprimés et remplacés par ceux ci : *toute société*. On ne peut donc contester la liberté pleine et entière laissée aux coopérateurs de s'associer sous la forme anonyme.

Mais, répliquait-on, c'est une liberté accordée d'une main et refusée de l'autre. La disposition générale autorise la création de toute société et les articles de détail en paralysent l'exécution. Comment concilier l'adoption de la variabilité du capital avec le respect de l'article 34 du Code de commerce qui impose la division du capital en actions et coupons d'actions de valeurs égales ? Ainsi, je suppose plusieurs associés ayant chacun quelques actions de 100 francs ; l'un d'eux exerce une reprise de 50 francs, un autre de 20 francs, un autre de 60 francs, ne voilà-t-il pas l'égalité des actions complètement détruite ? Comment, en face d'une pareille violation de l'article 34, dire que la variabilité du capital est licite ? Il faut absolument que l'un de ces articles disparaisse.

C'est notre avis, et nous croyons qu'il n'est pas même besoin d'une abrogation formelle pour délivrer les sociétés à capital variable d'une entrave comme celle qui résulte de l'article 34 du Code. L'impossibilité de faire marcher de front ces deux textes nous paraît telle, qu'il y a pour nous dans cette contrariété une abrogation tacite du plus ancien. Est-il nécessaire que cette abrogation ait été dans les vues du législateur ? Nous ne le croyons point, et il nous suffit de constater l'impuissance où se trouve l'interprète de concilier les deux dispositions pour conclure à l'abrogation de la première.

Cependant, si l'on en croit le représentant le plus autorisé du gouvernement qui proposait la loi, M. Rouher, l'article 34 du Code n'est nullement incompatible avec l'article 48 de notre loi. Ils règlent l'un et l'autre des espèces différentes. L'article 34 n'a trait qu'au taux des actions fixé dès le principe par les statuts, et ne vise en rien le versement. C'est peut-être, dit-il, une règle mal définie, mais ce n'est nullement un obstacle. Dans la pratique, comment les choses se passeront-elles ? Une fois les statuts acceptés par les associés, le montant possible de l'action est connu ; il est fixé en conformité avec la règle de l'article 34 ; mais ensuite qu'importent les apports et les reprises ? Les tiers n'ont entre les mains qu'un titre dont la valeur est dix fois moindre que son chiffre nominatif, puisque, comme nous le verrons en étudiant l'article 51, le versement du dixième suffit. Ils ne doivent pas compter d'une manière certaine sur une somme supérieure. C'est là sans doute un malheur pour le crédit de la société, mais dans cette œuvre de transaction entre le devoir de constituer des garanties et le devoir de créer des facilités, on ne peut contenter tout le monde, les associés et les tiers.

Du reste, à côté de cette base inébranlable de crédit représentée par le dixième du capital souscrit, il est facile de trouver les éléments d'un crédit variable et mobile, proportionné à l'excédant des versements sur le dixième exigé.

Les registres de la société apprendront à qui voudra l'apprendre où en est le compte de chaque associé, quelle est au juste la valeur actuel de son titre. Et mieux, ne peut-on indiquer par un timbre spécial le montant des divers versements et par un autre les reprises effectuées. Un simple coup d'œil, une simple soustraction fera connaître la fortune de chacun.

De tout ceci, nous concluons que si l'article 34 est déclaré non contraire au principe nouveau, c'est parce qu'il n'y a pas à en tenir compte. Il vient présider au partage formel et nominal des actions futures, mais c'est une subtilité de dire qu'il est respecté, puisqu'on ne s'en occupe pas le moins du monde dans les comptes de la société, et qu'on ne considère que l'état successif et changeant des actions, pour régler le partage des bénéfices. Au lieu de vouloir justifier une dualité de réglementation inutile et vaine, il eût mieux valu, à notre avis, se rendre à la demande très-instante faite par les personnes les plus compétentes, et qui avait pour objet d'ajouter à l'article 48 : L'article 34 n'est pas applicable aux sociétés à personnel et à capital variable qui adopteront la forme anonyme.

On eût ainsi facilité la réglementation des rapports entre associés. Si, comme nous venons de le voir, la conservation de l'article 34 du Code n'est qu'une superfluité quand tous les associés sont actionnaires, il devient un grand embarras quand l'un deux n'apporte que son travail et qu'il s'agit de résoudre la difficile question de l'alliance du capital et de l'industrie, de fixer leurs droits respectifs. Le législateur de 1867 a bien soin de dire qu'il n'entend nullement exclure de l'association le travailleur sans capital ; mais comment évaluer son apport? L'article 4 de notre loi dit que l'assem-

blée générale est chargée de faire apprécier la valeur de
l'apport d'industrie. C'est ici que l'on voit la difficulté qu'oppose le maintien de la division du capital en fractions égales ;
il faudra absolument dire que l'apport-industrie équivaut à
tel nombre d'actions, puisque l'action est devenue l'unité de
mesure des forces associées ; et cependant on a pris soin de
dire que l'institution nouvelle se reconnaissait à ce caractère
distinctif : que les fortunes des sociétaires, étant aussi va-
riées que possible, pouvaient parcourir tous les numéros de
un à l'infini. Que vient faire là encore la division en actions ?
Est-elle nécessaire pour évaluer le travail de l'associé qui
n'apporte pas autre chose ? Ce n'est point notre avis, et nous
la considérons ici encore comme une entrave.

Dans cette œuvre d'évaluation, il faudra assigner au travailleur l'action comme but de ses efforts, déterminer quelle
part de bénéfices est corrélative à son labeur, et déposer cette
part dans la caisse sociale. Lorsqu'elle sera assez considérable pour correspondre à une action, l'associé sera baptisé
actionnaire. Ce sera une œuvre assez difficile de reconnaître
la part qui lui reviendra comme salaire et qu'il touchera
immédiatement, et la portion de bénéfices correspondant
à l'intérêt de son capital-travail qu'il devra capitaliser.
M. Rouher pense que ce n'est pas une œuvre bien compli-
quée. Nous regrettons qu'il ait passé si légèrement sur ce
point capital, qui est précisément le nœud de la question :
combiner les apports réels avec les apports personnels, le
principe de la cotisation avec celui de la coopération proprement dit, c'est là la véritable donnée du problème. L'ouvrier
imbu de l'idée de l'excellence du travail manuel a facilement
adopté une théorie préconisée par les chefs de l'agitation
coopérative, et d'après laquelle l'ouvrier est un capital qui

se prête lui même et qui a droit, comme tel, d'abord à un
loyer, représenté par un salaire, et correspondant à l'intérêt
du capital proprement dit, puis à un profit, c'est-à-dire à une
part dans les bénéfices; de sorte que, si un ouvrier et une
machine se louent au même prix, le premier sous forme de
salaires, le second sous forme d'intérêts, il devra leur être
donné une part égale dans les bénéfices.

Nous ne voudrions blesser aucune des aspirations légitimes qui portent les humbles de ce monde à rechercher la
plus grande somme possible de bien-être. C'est la loi de l'humanité. Mais il faut se défier des théories édifiées sur la considération exclusive des misères de ceux qui réclament ; les
réformateurs plus généreux que réfléchis y cèdent souvent.
Nous ne nous sentons pas la force d'être trop sévères à leur
égard. Mais nous soutenons qu'en dehors des principes du
droit, c'est-à-dire de l'attribution des biens à qui les produit, capital ou travail, il y a des concessions charitables,
qui partent d'un bon naturel, mais non des répartitions
équitables. Or, les coopérateurs sincères ne veulent pas de
la charité publique ; ils ne veulent que ce qui leur est dû ; et
je n'en veux pour preuve que la définition donnée par
M. Frandon, directeur de l'Université de Valence, qui dut,
hélas ! se mettre en liquidation deux ans après sa naissance :
« Les sociétés coopératives sont celles qui répartissent les
« bénéfices qu'elles réalisent entre tous les éléments qui ont
« contribué à produire ces bénéfices. »

Eh ! bien, s'il est une vérité économique parfaitement évi-
dente et notoire, c'est que le profit du capital réel se compose de deux éléments distincts : le loyer, représenté par
l'intérêt au taux courant, et la prime, pour le risque auquel
le capital est exposé. Dans le capital-ouvrier, où trou-

vons-nous l'équivalent de la prime? M. Rouher aurait bien fait de nous le dire et de nous montrer comment l'article 34 se prête à la constitution d'un capital dont on a oublié de préciser l'origine.

En attendant qu'une nouvelle loi vienne nous donner satisfaction, nous demandons la suppression de l'article 34.

Nous avons dit que le principal grief fait à notre loi était de n'avoir en vue que les sociétés par actions, qui, précisément, sont contraires à l'idée-mère de la coopération. Au lieu de songer aux sociétés de capitaux, le législateur aurait dû, dit-on, considérer qu'il s'agit ici de sociétés de personnes ayant pour but de former des capitaux. En conséquence, la loi eût dû s'occuper surtout des sociétés par intérêts.

Il y a quelque chose de vrai dans cette critique, mais il faut la restreindre. Certains articles ne peuvent, en effet, s'appliquer qu'aux sociétés par actions. Ce sont les articles 49, 50 et 51-3°. Le reste du titre, ainsi que les articles 58-3° et 64-2° du titre III, relatifs à la publicité, ont une portée plus générale et régissent toutes les formes de sociétés. Notre sujet se trouvera tout naturellement divisé en deux parties.

SECTION I.

Règles spéciales aux sociétés par actions.

Quelle différence y a-t-il entre un intérêt et une action ? Nous serions bien aise de donner à cette question une réponse satisfaisante pour tous les esprits. Mais nous constatons avec regret que les interprètes les plus autorisés n'ont point réussi à s'entendre et nous n'avons point la témérité d'espérer mieux faire. M. Demante (Cours analytique, t. 2, p. 421) dit qu'une société est constituée par actions quand le capital à fournir est divisé en portions déterminées à une somme fixe pour lesquelles il est fait appel à tous. L'intérêt alors représenté par une fraction serait d'une quotité, un tiers, un quart, un douzième. Mais que l'on suppose une société au capital de 100,000 francs, divisé en cent parts d'un millième chacune, et une autre société émettant cent actions de 1,000 francs. Quelle différence entre les deux dans le système de M. Demante ? En fait, il y a des actions de quotité dans des entreprises très-importantes, telles que les mines d'Anzin. Du reste, dans les sociétés de mines, le capital est presque toujours divisé en actions de quotité.

Cette difficulté a frappé M. Bravard-Veyrières, qui place le signe distinctif de l'action dans la faculté de cession ou cessibilité. Pour reconnaître s'il y a intérêt ou action, il n'y a qu'une seule chose à examiner, savoir : si le droit est cessible ou s'il ne l'est pas; en d'autres termes, s'il y a des rapports de choses ou des rapports de personnes. Partout où la cessibilité se rencontrera, il y aura une action ; partout où elle n'existera pas, il n'y aura qu'un intérêt.

Cette opinion du savant auteur a été presque généralement adoptée, au moins en principe. Quelques jurisconsultes ne la jugeant pas suffisamment précise, se sont attachés à la forme de cessibilité, au mode de transmission du titre. « Est-il susceptible de la négociation commerciale, dit « M. Vavasseur, c'est une action. Dans le cas contraire, c'est « un intérêt. »

D'autres, admettant également la cessibilité comme caractère distinctif, veulent de plus que l'intention des associés soit consultée. Si, en rédigeant le contrat, ils ont entendu réserver pour eux seuls ou pour des personnes de leur choix, les parts de capital constitutif, ils ont créé une société par intérêts. Si, au contraire, le capital social a été fractionné en parties le plus souvent égales, (je dis *le plus souvent*, parce qu'il est généralement admis que l'article 34 n'est pas obligatoire et n'est que l'expression d'un fait habituel), destinées à une circulation incessante et rapide, si, en d'autres termes, la cession a été envisagée lors de la fondation de la société comme une éventualité normale pouvant et devant se réaliser d'une façon constante et réitérée, les droits des associés ne sont que des actions. Au lieu de s'en tenir à l'observation des caractères matériels qui révèlent habituellement l'intention des parties, il faudrait scruter cette intention elle-même.

C'est donc là toute la différence de cette opinion de M. Beudant avec celle de M. Bravard-Veyrières. Nous avions donc raison de dire que l'opinion de M. Bravard est à peu près acceptée, mais non sans contestations.

Sur une question si usuelle de la différence entre l'intérêt et l'action, qui a une importance capitale surtout dans les sociétés en commandite, il est bien étrange qu'il y ait une telle diversité d'opinion. Les jurisconsultes les plus considérables, tels que M. Demolombe, écartent les définitions contre lesquelles la critique peut s'exercer si facilement : « L'action exprime le droit d'un associé anonyme ou même « en commandite : l'intérêt est le droit de l'associé dans une « société en nom collectif (Demol. Cours, t. IX, n° 411) ; ». nous serions fort tenté de faire comme MM. Aubry et Rau qui se contentent d'exprimer les faits, au lieu d'énoncer une doctrine, et qui nous disent : « On entend par action la part « d'un associé dans une société anonyme ou dans une société « en commandite par actions. Le mot intérêt qui, dans « son acceptation étendue, s'applique à la part d'un associé « dans une société quelconque, désigne plus spécialement, « et surtout quand il est employé par opposition au terme « action, le droit de l'associé dans une société en nom col- « lectif, ou du commanditaire dans une société en com- « mandite, non divisée en actions. »

Il y aurait bien encore un moyen de s'en tirer, ce serait de proposer un système consistant à dire que les associés com- manditaires ont un droit *sui generis*; qui n'est ni un intérêt ni une action (Duranton, t. IV, p. 102, Cours). Mais ce procédé a déjà été trop employé ; il a le désavantage de ne rien expliquer du tout, en ayant l'air d'expliquer quelques chose, et d'adjoindre, à titre d'éclaircissement à deux mots incompris, un troisième qui est incompréhensible.

Sur une question si débattue, on ne s'étonnera pas de l'obscurité que présente la discussion du Corps-Législatif. Aussi, sans nous mettre en peine de concilier les déclara- tions, plus ou moins contradictoires, du ministre d'Etat sur l'article 34 du Code, nous nous contenterons d'examiner les règles qui ont trait, d'abord au montant du capital social, puis au taux des actions, à leur forme et à leur négo- ciation.

§ 1. — *Montant du capital social.*

La société, d'après l'article 49, ne peut se constituer avec un capital supérieur à 200,000 francs.

Voici une disposition restrictive. Pourquoi a-t-elle été introduite dans une loi dont le caractère est éminemment libéral, ainsi que l'ont reconnu même ses adversaires ? L'historique de sa rédaction nous l'apprend. Dans les projets du gouvernement elle ne figurait pas. Le titre dont nous nous occupons avait en vue, avant son arrivée à la Chambre, les sociétés de coopération seules. Il les définissait, les énumérait et les réglementait. Mais l'enquête à laquelle se livra la commission du Corps-Législatif ayant fait prévaloir cette idée, que la loi ne devait pas être restreinte à une classe de citoyens, le titre : *Des sociétés de coopération*, devint, comme nous l'avons vu, le titre : *Dispositions particulières aux sociétés à capital variable*, de sorte que les facilités accordées allaient être le partage de toute espèce de sociétés, ayant un but quelconque. Cette extension du texte primitif, amena des restrictions de détail. La commission toujours en garde contre les surprises possibles de l'agiotage, dont les exploits était encore présents à tous les esprits, chercha aussitôt quelles garanties elle pourrait bien établir pour sauvegarder les intérêts du public. Elle considèra, non sans raison, que les exploiteurs d'affaires ne s'attaquaient guère aux petites entreprises; il leur faut une surface rénumératoire de leurs peines et de leurs efforts d'imagination, et s'il y a des risques à courir, des sanctions pénales ou civiles à redouter, ils désirent pouvoir en perspective cueillir des millions; un misérable capital de moins de 200,000 francs, qui souvent ne représenterait que 20,000 francs en caisse, ne mériterait pas qu'on fît les frais nécessités par le *lancement* d'une affaire.

Malgré le mérite de ces considérations, l'article 49 fut vivement attaqué, et les partisans de la liberté des sociétés en demandèrent la suppression. D'après eux, cette restriction était inutile et gênante. La crainte de l'agiotage n'était pas fondée. En effet, à qui ferait-on croire que la spéculation s'emparerait de valeurs aussi incertaines que les actions des sociétés à capital variable ? Le mot seul de variabilité du capital suffit pour conjurer les dangers que redoute la commission et pour éloigner la confiance du spéculateur.

D'autre part, comment admettre la possibilité d'une circulation compromettante, quand nous lisons dans l'article 50 que les actions ou coupons d'actions restent nominatifs, même après leur entière libération ? Imagine-t-on que l'on va colporter des registres de transfert sur la place de la Bourse, comme le craignait sérieusement M. le conseiller d'État Bayle-Mouillard ? Si donc les autres restrictions apportées par le législateur à la constitution de nos sociétés sont suffisantes, pourquoi en inventer de purement vexatoires ? Dira-t-on qu'elles ne peuvent gêner l'essor du mouvement coopératif, puisqu'il est rare que des sociétés d'ouvriers puissent avoir pour commencer un capital supérieur à 200,000 francs ? Cette raison n'est pas convaincante car il suffirait qu'une seule société, se constituant dans des conditions que nous ne prévoyons pas, se déclarât entravée dans son développement, pour que l'œuvre du législateur fût justement critiquable,

L'amendement qui proposait la suppression de l'article 49 ne fut pas adopté, et nous comprenons que du moment où le législateur n'adoptait pas entièrement le principe de

liberté absolue des sociétés, il ait cru devoir faire la restriction dont il s'agit, et ne pas considérer l'obligation imposée
aux sociétés coopératives de n'avoir que des actions nominatives, comme suffisante pour maintenir la séparation
nécessaire entre elle et toutes les autres. A la principale objection consistant à dire qu'une société peut se trouver gênée
par la limitation, lorsque, par exemple, un chef d'industrie
voudrait s'associer avec ses ouvriers et apporter pour sa part
un immeuble, un outillage important, il fut répondu que
cette association n'était nullement empêchée par la loi, que
le patron n'aurait qu'à apporter son instrument de travail à
titre de location, comme cela s'était fait deux ou trois fois
en Angleterre.

Enfin, il y a un moyen bien plus simple d'échapper à la
limitation, c'est de rester dans le droit commun, de ne pas
demander les facilités accordées aux sociétés ouvrières. Que
la société se fonde par intérêts et alors toute crainte de
danger disparaissant, plus de restriction.

La loi n'a fixé qu'un maximum ; quant au minimum, il
se trouvera déterminé par la fixation du taux des actions et
la nécessité pour une société anonyme d'avoir au moins sept
actionnaires, et pour une société en commandite, trois
membres du conseil de surveillance et le gérant.

§ 2. — *Du taux des actions.*

L'article 50 déclare que les actions ou coupons d'action ne
pourront être inférieurs à 50 francs. C'est, comme on le
voit, une importante dérogation à l'article 1er, qui ne permet
pas de diviser le capital des sociétés en commandite en actions ou coupons d'actions de moins de 100 francs, lorsque

le capital n'excède pas 200,000 francs, et de moins de 500 francs, lorsqu'il est supérieur.

Le projet du gouvernement allait même jusqu'à permettre aux coopérateurs d'abaisser les coupons d'actions jusqu'à la limite qui leur plairait. Ce fut la commission qui fixa le taux que nous avons dit, lorsqu'elle décida que la loi nouvelle pourrait s'appliquer à toutes sociétés, et non-seulement aux sociétés coopératives.

Quelque minime que fut le taux dont il s'agit, il parut encore trop élevé à certains députés, qui demandèrent l'abaissement de l'action à 10 francs. Ils faisaient observer qu'en adoptant un taux aussi bas que 50 francs, et en admettant que la société était constituée par le versement du dixième au lieu du quart, la loi nouvelle n'attachait pas d'importance au *quantum* du capital. Ne convenait-il pas d'aller résolument dans cette voie et de faciliter autant que possible l'acquisition des actions, en les mettant à la portée des bourses les plus modestes ?

Les défenseurs du projet de loi répondaient que s'il n'y avait pas à tenir compte de l'intérêt des tiers, s'il ne s'agissait que des rapports des associés entre eux, l'amendement pourrait être pris en considération. Mais comme il s'agit de faire naître une personne morale, qui sera sujet actif et passif de droits, il est indispensable de lui donner une certaine consistance, pour que les tiers aient au moins pour garantie de leurs créances un *minimum* sérieux. Si les sociétaires trouvent le chiffre de 50 francs trop élevé, ils peuvent établir entre eux une société de collecte, qui pourra recevoir des versements minimes et qui deviendra apte à traiter avec le public, quand les actions seront arrivées à maturité. C'est ainsi que les Pionniers de Rochdale ont réuni une somme de

700 francs avant de commencer leurs opérations. Rien de plus simple que cette combinaison; rien de plus utile ; elle permet aux sociétaires d'essayer leurs forces et de se préparer à des engagements plus étendus, en apprenant à respecter ceux qu'ils contractent les uns vis-à-vis des autres. La jurisprudence protége les sociétés de cette nature, comme le prouve un arrêt de la Cour de Lyon, à la date du 17 août 1867, qui confirme un jugement du tribunal de commerce statuant sur le refus de certains ouvriers de continuer le versement de leurs cotisations destinées à la formation d'une société de production.

« La Cour,

« Considérant que tout engagement librement et légale-
« ment formé tient lieu de loi entre les parties qui l'ont con-
« tracté ;

« Qu'on ne produit, dans l'espèce , ni fait , ni moyen
« capables d'infirmer celui qui lie les appelants ;

« Considérant qu'il ne s'agit pas, dans la cause, d'une so-
« ciété existante, mais de l'engagement de payer à des époques
« périodiques certaines sommes destinées à constituer le fonds
« d'une société future ;

« Qu'ainsi l'article 1871 du Code civil n'est pas applicable
« à la cause ; que, le fût-il, on ne trouverait pas dans l'es-
« pèce les justes motifs exigés par cet article, pour autoriser
« la dissolution d'une société ;

« Adoptant, au surplus, etc. » (Gaz. des Trib., 22 nov. 1867.)

L'objection que l'on faisait au système adopté par la Cour de Lyon est qu'il n'y a pas de société sans bénéfice à partager. On voit que la Cour ne s'y est pas arrêtée.

Le taux de 50 francs s'applique à toutes sociétés à capital variable, quelque considérables qu'elles deviennent dans la

suite, par suite des augmentations permises d'année en
année. Pas de doute sur ce point; le rapporteur et le ministre du commerce ont pris soin de s'en expliquer catégo-
riquement, en considérant comme inutile un amendement
qui avait pour but de déclarer que l'article 1, qui tient
compte du capital social pour fixer le taux des actions, ne
s'appliquerait pas aux sociétés à capital variable.

Une autre dérogation aux règles générales consiste dans
la réduction du versement obligatoire pour que la société
soit constituée. En principe, le quart au moins du montant
des actions souscrites par chaque actionnaire doit être versé;
dans nos sociétés, le dixième suffit. Cette disposition est,
comme on le voit, éminemment libérale. Mais, sur ce point,
une question se pose qui a donné lieu à une controverse
assez importante. Ce dixième exigé par la loi doit-il être
versé par chaque actionnaire ou suffit-il qu'il existe fourni
à *quovis*, de telle sorte que la société sera constituée alors
que quelques-uns n'auront rien versé, si les mises des autres
équivalent au dixième total ?

Dans un premier système, on argumente de l'article 1 de
la loi qui dit expressément que le versement du quart doit
être fait par chaque actionnaire; le législateur, en n'exigeant
plus que le dixième, a voulu seulement abaisser le taux;
mais non changer le mode de versement. D'autre part, en se
reportant à la discussion de la loi, on voit que les orateurs,
interprètes de la commission et du gouvernement, parlent
toujours de la pièce de cinq francs nécessaire pour fonder
la société, ce qui semble bien impliquer de leur part la
pensée que l'obligation incombe à chacun en particulier.

A quoi les partisans du système contraire répondent que
l'argument de texte tiré de l'article 1 doit être absolument

écarté, puisque la question du versement est complètement réglée par l'article 51-3° qui ne parle nullement de chaque actionnaire, mais s'exprime d'une façon très-générale : « La société ne sera constituée qu'après le versement du dixième. » Ce paragraphe vient, du reste, à la suite de deux autres qui ne parlent que du dixième du capital *in globo.* Quant à la façon de parler de MM. Rouher et Forcade, elle ne suffit pas pour établir une disposition législative contraire au texte, et nous pouvons très-légitimement penser que lorsqu'ils parlaient de la pièce de cinq francs, ils avaient en vue un versement moyen.

Nous adoptons cette seconde opinion qui nous paraît plus conforme à l'idéal d'une bonne loi sur les sociétés coopératives. Nous pensons qu'en attendant le régime de liberté que demandait l'amendement Ollivier, il ne nous est pas défendu d'interpréter la loi actuelle dans le sens le plus libéral et le plus favorable aux associés. Or, à quoi arrive-t-on dans le système opposé ? A empêcher qu'un sociétaire plus fortuné puisse faciliter l'introduction dans la société d'un associé qui serait dans l'impossibilité de faire aucun versement, et qui aurait à faire évaluer son apport en industrie par les procédés délicats et difficiles des articles 4 et 24. Ce ne peut être le désir du législateur.

§ 3. — *Forme et négociation des actions.*

Pour rester fidèle à son système de protection des sociétés à capital variable et pour en écarter l'agiotage, le législateur se trouvait tout naturellement conduit à rendre plus difficile la circulation des actions. En conséquence, l'article 50 vint déclarer que les actions ou coupons d'actions seraient nomi-

natifs, même après leur entière libération. Par cette disposition, se trouvent proscrites et les actions au porteur et même
les actions à ordre, de sorte qu'il ne reste aux sociétaires,
pour négocier leurs titres, que la voie du transfert sur les
registres de la société. De plus, ce transfert, si gênant qu'il
soit pour ceux auxquels il est imposé, n'est pas même de
droit, et peut être subordonné au bon plaisir du conseil
d'administration ou de l'assemblée générale, si les statuts le
veulent. La loi tient toujours à faire prédominer l'importance
des personnes sur celle des capitaux, et l'on comprend
qu'ayant donné, comme nous le verrons, dans l'article 52,
aux associés le droit d'exclure ceux d'entre eux qui ne leur
conviendraient pas, elle ne pouvait s'empêcher de leur
accorder le droit de s'opposer à l'entrée de nouveaux
membres.

Nous avons à nous demander si ce droit de *veto* est exorbitant au droit commun ou s'il n'est que l'application des
principes généraux. La solution de cette question n'est pas
oiseuse, car si nous la résolvons dans le premier sens, nous
en tirerons les conclusions suivantes :

1° Le droit d'opposition n'étant autorisé qu'au profit du
« conseil d'administration, » conseil qui existe dans les
sociétés anonymes seulement, il ne saurait être étendu au
gérant, ni au conseil de surveillance des commandites par
actions. D'autre part, comme il n'est question dans la loi que
des transferts résultant de la *négociation* des titres, le droit
d'opposition ne doit pas être exercé contre les transferts
nécessités par le décès du titulaire.

Nous n'hésitons pas à dire que la cessibilité des titres
n'est pas de l'essence même de la société anonyme, et que,
par conséquent, il peut y être apporté tels obstacles que bon

semble aux associés. Les statuts pourraient très-valablement stipuler que les droits de chaque associé ne pourraient être cédés ; à plus forte raison peuvent-ils subordonner la cession à certaines conditions. L'incessibilité étant donc pour nous le droit commun, tout ce qui en rapprochera les associés devra être considéré favorablement. La jurisprudence, du reste, s'est prononcée dans ce sens. Un arrêt de la Cour de cassation du 1er juin 1859 a admis comme valable, en matière de société, la clause par laquelle on stipule le droit d'opposition au transfert. En conséquence, sur les deux points que nous avons indiqués plus haut, nous conclurons que les statuts pourront fort bien donner le droit de *veto* au gérant et au conseil de surveillance, et que le mot négociation n'implique nullement que les mutations après décès soient absolument libres. En effet, les associés peuvent être aussi intéressés à ne pas avoir l'héritier de l'un d'eux que toute autre personne. Ils n'ont de confiance que dans les individus et non dans les familles. *Ubi eadem ratio, idem jus esse debet.*

Une autre question se pose sur l'article 50. Faut-il dire que la négociation des actions ne peut se faire par aucun autre moyen que le transfert, et que la simple cession par les voies ordinaires du Code civil doit être également prohibée ?

Quelques auteurs l'ont pensé, en s'appuyant sur le vœu bien manifeste du législateur, de laisser toujours aux associés le droit et la faculté de s'opposer au transfert. Or, permettre une cession qui sera parfaite par le seul consentement du cédant et du cessionnaire, c'est autoriser l'introduction dans la société d'un membre qui peut déplaire aux autres associés.

L'opinion contraire s'inspire de cette idée que le motif de la disposition relative à la nécessité du transfert est d'empêcher l'agiotage, et que, du moment que l'on a proscrit les titres au porteur et les titres à ordre, il n'y a pas de raison pour étendre une disposition restrictive et gênante au-delà des termes de la loi.

Nous proposerons un système mixte qui tiendra compte de ces deux idées. L'article 50 ne dit pas que l'opposition au transfert est de droit pour les associés, mais que les statuts peuvent en donner la faculté. En conséquence, si les associés n'ont pas cru devoir se réserver le *veto* dont il s'agit, nous n'avons plus qu'à nous préoccuper de la crainte de l'agiotage et la prohibition des titres au porteur ou à ordre suffira. Dans le cas contraire, la cession sera proscrite pour qu'il soit impossible de faire d'une façon détournée ce que les associés n'ont pas voulu.

SECTION II.

Règles communes à toutes les sociétés à capital variable.

Nous venons de voir les règles particulières aux sociétés qui se constituent par actions ; il nous reste à examiner le reste du titre qui s'applique dans tous les cas et dont les dispositions montrent bien que le législateur n'a pas voulu, comme certains auteurs l'ont prétendu, empêcher la création de sociétés par intérêts.

§ 1. — *Faculté de retrait.*

L'article 48, qui permet l'augmentation et la diminution du capital social, n'est pas, avons-nous dit plus haut, indivi-

sible. Rien ne peut s'opposer à ce que la faculté d'augmentation soit seule admise par les statuts; les tiers, dont se
préoccupe avant tout la loi, ne peuvent être lésés par cette
clause qui est toute dans leur intérêt, puisqu'elle accroît
leurs sûretés. Quant à la faculté de diminution du capital
social, il n'en est pas de même. Si le législateur ne s'était
pas préoccupé d'établir des régles restrictives de cette disposition exorbitante, il eût bien pu arriver que la garantie des
tiers disparût complètement par suite de reprises excessives.
Aussi a-t-il pris soin de déterminer dans l'article 51 une
limite au-dessous de laquelle cette reprise ne pourrait
s'effectuer.

Tout d'abord, il s'en remet à la prudence des associés, et
les deux premiers projets présentés par le gouvernement
se contentaient d'exiger que les statuts fixassent une somme
au-dessous de laquelle le capital ne pourrait être réduit,
mais ils ne déterminaient aucun minimum. Ce fut la commission du Corps-Législatif qui fit remarquer que cette lati-
tude était en définitive la liberté laissée aux associés de ne
laisser en caisse qu'une somme dérisoire. Elle fit admettre
dans l'article 51 le paragraphe 2, qui décide que la limite
minimum d'épuisement ne peut excéder le dixième du
capital social.

Cette disposition est d'ordre public, et il ne peut y être
dérogé par les conventions des parties, sans quoi elle n'aurait ni sens, ni utilité. Des auteurs ont cependant soutenu
qu'elle ne s'applique pas aux sociétés par intérêts. On comprend bien, disent-ils, que la loi ait pris des précautions
quand il s'agit d'actions qui n'engagent leurs souscripteurs
que jusqu'à concurrence du montant indiqué dans le titre;
il fallait bien ménager le crédit social en assurant la conser-

vation d'un certain capital représentatif de la valeur nomi-
nale. Mais dans les sociétés par intérêts, qui sont des sociétés
de personnes plutôt que de capitaux, les tiers ayant une
sûreté dans la responsabilité solidaire des associés qui leur
donne pour gage tous leurs biens présents et à venir, on
peut sans inconvénients se montrer moins rigoureux.

De plus, si nous considérons le texte qui édicte cette restriction, nous voyons qu'il vient immédiatement après un
article qui ne concerne que les sociétés par actions, et avant
une disposition relative au versement du dixième qui ne
peut s'appliquer qu'à ces mêmes sociétés. Comment admettre
qu'une règle relative à un autre objet eût été ainsi enclavée?

Ces objections ne manqueraient pas d'une certaine force
si les travaux préparatoires ne nous montraient pas jusqu'à
l'évidence qu'elles ne se sont pas présentées à l'esprit du législateur. Le projet primitif imposait en effet, de la façon la
plus précise, à toute société à capital variable, l'obligation
de déterminer une somme au-dessous de laquelle le capital
ne pourrait descendre. Or, il n'y a rien, ni dans les rapports, ni dans les discussions, qui permette de supposer que
le législateur ait songé à se départir de la règle si nettement
tracée dans le projet. Du reste, il n'est pas absolument exact
de dire que, dans les sociétés par intérêts, les associés soient
toujours tenus personnellement sur tout leur patrimoine ;
cela n'est vrai que pour la société en nom collectif, mais
pour la société en commandite peu importe qu'elle soit
constituée par intérêts ou par actions, la responsabilité des
associés vis-à-vis des tiers est toujours limitée à leurs mises.
Par conséquent, je crois devoir persister dans l'opinion
contraire, tout en regrettant que les termes de la loi ne soient
pas plus formels.

A l'occasion de la prohibition de reprise au-dessous du minimum fixé par la loi, on s'est demandé si la clause en vertu de laquelle il serait permis de prélever annuellement sur le capital les sommes nécessaires pour payer les intérêts des capitaux, produirait son effet, même sur un capital social réduit des neuf dixièmes ? Tout d'abord, nous rappelons que la clause dont il s'agit est admise par la jurisprudence (Caen, 16 août 1364, Cass., 8 mai 1867.) dans les sociétés ordinaires par actions. Ne peut-on pas l'admettre , à fortiori, dans les sociétés qui nous occupent, où ces intérêts ont un caractère presque alimentaire à l'égard des associés ?

Cette opinion a été soutenue, et il est fort probable que, lorsque l'espèce se présentera devant les tribunaux, elle donnera lieu à une vive discussion, mais si l'on s'en rapporte au seul texte de la loi et si l'on ne consulte que l'intention présumée du législateur, on est amené à interpréter la prohibition de la diminution du capital social au-dessous du dixième dans un sens très-restrictif et à considérer le prélèvement des intérêts annuels comme une véritable reprise partielle d'apports. Si ce prélèvement est autorisé dans les sociétés ordinaires, c'est que la faculté de prélever n'est pas indéfinie : elle trouve sa limite naturelle dans les articles 11 et 37, qui permettent de demander la dissolution lorsque le capital social a subi une diminution des trois quarts. Les sociétés à capital variable ont déjà la faculté de reprise jusqu'à concurrence des neuf dixièmes, et je crois qu'on a le droit de dire en ce qui les concerne : Prélèvement sur reprise ne vaut.

Mais ce minimum ne peut-il donc jamais être entamé ? N'est-il pas certaines circonstances où il serait de l'intérêt, bien entendu, de la société de diminuer même son mi-

nimum ? Supposons , par exemple, qu'une société se soit
constituée avec un certain capital dans le but d'exploiter
plusieurs branches d'industrie. Les unes répondent aux es-
pérances des sociétaires , les autres ne donnent que des
pertes. La société peut alors désirer abandonner les dernières
pour s'en tenir à celles qui lui ont procuré des bénéfices ;
restreignant ainsi ses opérations , elle n'a plus besoin d'un
capital aussi important. Que peut-on lui objecter ? Les droits
des tiers ? Mais il sera bien entendu que la transformation
dont il s'agit devra être portée à la connaissance des tiers
par les moyens de publicité indiqués par la loi et que les
créanciers antérieurs ne pourront se voir opposer la nouvelle
décision qui diminuerait la sûreté sur laquelle ils ont légitimement compté.

Malgré le mérite de ce raisonnement , il ne triompha pas.
La commission , ne pouvant guère invoquer l'intérêt des
tiers qui se trouvaient complètement sauvegardés , opposa
l'intérêt de la société elle-même , la perturbation qu'y jetterait la nécessité d'une liquidation, les frais qu'exigerait la
publicité, le discrédit qu'une pareille mesure jetterait sur la
société, etc., etc, Ces raisons sont excellentes à donner dans
l'assemblée des associés pour les engager à ne pas user
d'une faculté dangereuse , mais le législateur sort de son
rôle quand il ne s'inspire pas uniquement des intérêts généraux et veut se substituer aux particuliers dans la conduite
de leurs propres affaires.

La reprise d'apports pourra être partielle ou totale. Dans
le premier cas , l'associé continue à être membre de la société ; dans le second, il cesse d'en faire partie, et alors la loi
décide (art. 52) que, pendant cinq ans, il reste tenu envers
les tiers, de toutes les obligations existant au moment de sa

retraite. Il pourra être poursuivi suivant les règles ordinaires et suivant la nature de la société, pour sa part et portion, si la société est civile ; pour toute la dette, si elle est en nom collectif ; jusqu'à concurrence de sa part, si elle est anonyme.

Le projet laissait subsister la responsabilité des associés sortis pendant trente ans ; la commission réduisit la durée de la prescription à cinq ans, par analogie avec la disposition de l'article 64 du Code de commerce, qui porte que les actions contre les associés non liquidateurs se prescrivent par cinq ans, pourvu que la dissolution de la société ait reçu la publicité voulue par la loi.

Il est bien entendu que cette disposition est d'ordre public et qu'il n'y peut y être dérogé par les statuts. Cependant, si les associés trouvaient encore trop prolongée la durée de leur responsabilité, ils pourraient fort bien convenir qu'après un délai moindre, deux ans par exemple, l'associé sorti, tout en continuant d'être obligé à l'égard des tiers, cesserait d'être responsable vis-à-vis de la société, contre laquelle il aurait un recours, dans le cas où il se serait vu forcé de désintéresser des créanciers sociaux. Il aurait ainsi moins de chances d'être inquiété, puisqu'il serait à l'abri de toutes réclamations de ses anciens associés.

§ 2. — *Faculté d'exclusion.*

L'article 52 accorde aux sociétés à capital variable la faculté de stipuler dans leurs statuts que l'assemblée générale aura le droit de décider, à la majorité fixée pour la modification des statuts, que l'un ou plusieurs des associés cesseront de faire partie de la société.

Le législateur , en inscrivant cette faculté dans la loi , a apporté une nouvelle dérogation au droit commun. Il a pensé qu'une société coopérative, qui est éminemment une société de personnes, ne peut marcher qu'autant que l'accord le plus complet règne entre tous ses membres, Du reste, cette clause se trouvait insérée dans presque tous les statuts des sociétés coopératives, et le législateur ne pouvait se refuser à permettre ce que l'expérience avait consacré. Si les associés la trouvent inquiétante, ils peuvent l'omettre ou la restreindre ; rien ne les empêche de décider, par exemple, que l'exclusion ne pourrait être prononcée qu'à une majorité plus forte que celle qui est exigée pour la modification des statuts ; mais ils ne pourraient convenir qu'une majorité moindre suffirait.

La question du minimum de reprise, dont nous avons plusieurs fois parlé, vient ici donner lieu à une controverse fort débattue. Le membre exclu aura, sans aucun doute, le droit de reprendre ses apports. Supposons le capital social descendu au point où de nouvelles reprises d'apports sont impossibles en face de la limitation prescrite par les statuts ou l'article 51-2°. L'assemblée générale conserve-t-elle la faculté d'exclusion ?

Dans un premier système, on soutient que l'affirmative résulte du silence de la loi , qui n'a pas posé de restriction au principe. Et qu'on ne dise pas que la réserve du dixième est sous-entendue. Lorsque le législateur a voulu limiter l'épuisement du capital social, il s'en est exprimé formellement. Que l'on compare, dans l'article 52, le paragraphe 1, où il est dit : *sauf application de* 51-1°, au paragraphe 2 qui nous occupe et qui n'en fait aucune mention.

D'autre part, comment s'appliquerait ce droit si important

11

laissé à l'assemblée générale dans le cas où les statuts n'auraient admis que la faculté d'augmentation et non celle de diminution ? Il faudrait donc, pour respecter ce capital immuable, conserver dans la société un associé qui en causerait la ruine ? Le législateur n'a pu vouloir un pareil résultat et a dû d'autant plus facilement laisser libre la faculté d'exclusion que les sociétés coopératives n'en ont jamais usé et n'en peuvent user qu'avec une extrême réserve.

Quel que soit le mérite de cette argumentation, nous croyons que la principale préoccupation du législateur, en cette matière, est de sauvegarder absolument les intérêts des tiers. Le minimum est leur garantie inattaquable, et les intérêts de tous les associés ne peuvent prévaloir contre les considérations d'ordre public qui ont dicté la disposition protectrice de l'article 51-2°.

Il y a du reste un moyen bien simple de sortir d'embarras et de concilier les intérêts des tiers et ceux de la société. Que la société reprenne la part de l'associé exclu ou qu'elle fasse un versement équivalent, aussitôt après sa sortie, notre opposition n'a plus de raison d'être, et le membre dangereux disparaît sans préjudice pour le capital social. Grâce à ce procédé éminemment pratique, il ne sera plus vrai de dire que les sociétés qui n'auront pas stipulé la faculté de diminution du capital seront dans l'impossibité de profiter de la faculté d'exclusion.

§ 3. — *Des actions judiciaires.*

Nous avons vu qu'une des raisons qui faisaient recommander aux sociétés coopératives l'adoption du caractère commercial était le privilége accordé aux sociétés de commerce d'être valablement représentées en justice par leurs administrateurs. Les sociétés civiles, dans le système de la jurisprudence qui leur refuse la personnalité juridique (Cass. 8 nov. 1836, 26 mai 1841, 21 juillet 1854), ne peuvent être représentées par leurs gérants, sans un pouvoir spécial des coassociés, lorsqu'il s'agit d'actes dépassant les limites de l'administration. Quand elles figurent, comme demande-resses, il faut que l'exploit d'ajournement désigne indivi-duellement tous les associés ; quand elles sont défenderesses, chaque associé doit être assigné séparément.

La respect de cette jurisprudence faisait aux sociétés coopératives une situation juridique intolérable. Comment engager une action ou y défendre, quand il faudrait faire intervenir dans une instance les membres d'une société de coopération, qui peuvent se compter par milliers ? Aussi, la loi nouvelle a-t-elle sagement établi la règle contenue dans l'article 53 : « La société, quelle que soit sa forme, « sera valablement représentée en justice par ses adminis-« trateurs. »

§ 4. — De la dissolution des sociétés à capital variable.

Le dernier article de notre titre a pour but d'apporter d'importantes modifications à l'article 1865 du Code civil, qui énumère les modes de dissolution de la société. Dans le principe, les sociétés étant fondées sur la confiance mutuelle, ont surtout été considérées comme contractées *intuitu per-sonæ*; ce qui a amené le législateur à en prononcer la disso-lution toutes les fois qu'il se produit un changement notable dans l'état de la personne de l'associé. Puis, quand les parts des associés purent devenir cessibles, que l'action put être substituée à l'intérêt, les sociétés devenant des associations de capitaux, échappèrent à ces modes de dissolution provenant des personnes.

L'innovation introduite dans la loi par l'article 54 a pour but d'assimiler les sociétés par intérêts aux sociétés par actions et d'établir que la mort, la retraite, l'interdiction, la faillite ou la déconfiture, ne les dissoudront point. Le législateur, ayant trouvé cette clause insérée dans les statuts de presque toutes les associations coopératives antérieures à 1867, en a fait une disposition législative, qui ne s'impose du reste nullement, et qui peut fort bien être écartée par une clause formelle, puisque cette clause ramènerait au droit commun.

§ 5. — *Publication des actes des sociétés à capital variable.*

Les articles 42 et suivants du Code de commerce, qui, jusqu'à la loi de 1867, avaient régi la publication des actes constitutifs des sociétés commerciales, étaient regardés comme insuffisants pour les sociétés ordinaires. A plus forte raison devaient-ils être inapplicables à ces sociétés de coopération qui n'étaient pas nées à l'époque de la confection du Code. Par cela qu'au moindre changement dans les éléments sociaux il fallait de nouvelles publications, les exigences des articles 42 et suivants créaient des embarras et des obstacles à ces associations où le capital est variable et le personnel incessamment mobile.

C'est pourquoi le législateur de 1867 reconnut avec la pratique que l'affichage de l'extrait des actes de société pendant trois mois, dans la salle des audiences, était l'apparence et non la réalité d'une publicité sérieuse. Il pensa, non sans raison, que le dépôt aux greffes de la justice de paix et du tribunal de commerce d'une expédition des actes et documents, qui doivent être portés à la connaissance des tiers, leur publication par extrait, atteindrait mieux le but désiré. Le droit accordé à tous de se faire délivrer copie des statuts compléta très-heureusement le système qui fut appliqué, non-seulement aux sociétés coopératives, mais à toutes sociétés commerciales.

Quant aux sociétés dont nous nous occupons particulièrement, on trouve dans quatre articles du titre IV, relatifs à la publicité des sociétés, des règles qui leur sont spéciales et que nous allons relever :

« Art. 58.—Si la société est à capital variable, l'extrait doit « contenir l'indication de la somme au-dessous de laquelle le « capital social ne peut être réduit.

« Art. 61. — Les délibérations prises dans le cas prévu « par l'article 49 (c'est-à-dire relatives aux augmentations de « 200,000 francs prises d'année en année), sont soumises aux « règles de publication des articles 55 et 56.

« Art. 62. — Les simples changements de capital et de « personnel, opérés dans les termes de l'article 48, n'y sont « pas assujettis.

« Art. 64. Enfin, comme les tiers n'ont, en définitive, pour garantie certaine que le *minimum* fixé par les statuts, il faut que la société se fasse connaître avec sa véritable nature. « Les mots à *capital variable* doivent figurer dans « tous ses documents. »

CONCLUSION.

Il nous paraît impossible de porter, sur la législation relative aux sociétés coopératives, un jugement suffisamment éclairé. Une loi, de la nature de celle que nous venons d'étudier, doit être appliquée dans des temps qui permettent aux faits économiques de se produire normalement. Or, les années qui viennent de s'écouler n'ont guère été propices aux expériences juridiques. Nous ne dirons donc pas, avec certains auteurs, que la loi de 1867 est un « don funeste, » avec d'autres qu'elle est « pseudo-libérale. Nous avons fait connaître nos *desiderata*, et nous n'y reviendrons pas. Quand on s'occupe de questions qui touchent à la répartition de la richesse, et qui, par conséquent, ont le privilège de passionner tout particulièrement le public, rien n'est plus aisé que de se laisser aller aux déclamations lamentables ou aux utopies séduisantes.

Mais, si c'est là un exercice de rhétorique propre à concilier à leurs auteurs une popularité facile, c'est un genre de littérature qui ne me paraît pas digne d'un écrivain exclusivement soucieux de la vérité et du droit. Or, nous ne sommes pas de ceux qui croient aux panacées, et nous ne ferons pas grief aux législateurs de 1867, de n'avoir pas mis au monde une formule régénératrice qui guérisse les misères de l'humanité par sa simple insertion dans les statuts de la société coopérative. La réforme sociale est encore plus une affaire de conduite qu'une question de principe. Le législateur est resté dans son rôle en donnant des facilités suffisantes à l'essai loyal du mouvement coopératif ; mais il est une vertu qui est essentielle à la réussite de la coopération, et qu'aucune législation, si parfaite qu'elle soit, ne peut suppléer, c'est la pratique régulière et continue de la discipline volontaire et de l'effort individuel.

III.

POSITIONS.

POSITIONS.

DROIT ROMAIN.

I. — Il n'y a pas désaccord entre les deux textes d'Ulpien, qui forment la Loi 44, D., 17, 2, et la Loi 13 pr., D., 19, 5.

II. — Il n'y a pas autonomie entre la Loi 1 § 1, D., 22, 1, et la Loi 60 pr. D., 17, 2.

III. — Les sociétés, à Rome, ne constituaient des personnes morales que par décision de l'autorité.

IV. — La Loi 63 pr. h. t. (Ulp., L. 31 *ad Ed.*) peut se concilier avec la Loi 16, D., *de re judicata*, 42, 1, également d'Ulpien, *ad Ed.*

V. — Lorsque l'un des associés apporte une somme d'argent, et l'autre son industrie, le premier peut, à la dissolution de la société, prélever sa mise, s'il n'y a convention contraire.

DROIT CIVIL FRANÇAIS.

I. — La condition accomplie a effet rétroactif relativement à l'attribution des fruits.

II. — L'hypothèque légale de la femme porte sur les conquêts de communauté, même en cas d'acceptation.

III. — Lorsque le délégué était en faillite ouverte ou tombé en déconfiture au moment de la délégation, le délégataire a contre le délégant son ancienne action et non pas un simple recours en indemnité.

IV. — Les sociétés coopératives de consommation ont un caractère purement civil lorsqu'elles se bornent à acheter des denrées pour les livrer aux associés.

V. — Une société en nom collectif peut être constituée par actions, et réciproquement une société anonyme peut être formée par intérêts.

VI. — Pour qu'une société à capital variable soit constituée définitivement, il n'est pas nécessaire que le dixième ait été versé individuellement par chaque actionnaire.

VII. — La faculté d'exclure un membre d'une société à capital variable ne peut être exercée, lorsqu'elle aurait pour effet de réduire le capital au-dessous du minimum fixé par les statuts.

VIII. — Les actions d'une société à capital variable ne peuvent être cédées, conformément aux règles du Code civil, lorsque le droit d'opposition au transfert a été inséré dans les statuts.

IX. — Les sociétés civiles sont réputées personnes morales quand elles se manifestent ouvertement aux tiers par une publicité suffisante, et alors elles peuvent être valablement représentées en justice par leurs gérants.

DROIT PÉNAL.

I. — Les articles 291 et 292 du Code pénal et la loi du 10 avril 1834 ne sont pas applicables aux associations coopératives.

II. — L'immunité accordée par l'article 380 du Code pénal n'est pas accordée au complice.

DROIT COMMERCIAL.

I. — Le porteur d'une lettre de change n'est pas propriétaire de la provision.

II. — La prescription de cinq ans, dont parle l'article 64 du Code de commerce, ne s'applique qu'aux associés en nom ; les commanditaires et actionnaires restent soumis au droit commun.

III. — Les associés liquidateurs peuvent invoquer la prescription de cinq ans, lorsqu'ils sont poursuivis, non comme liquidateurs, mais comme associés.

DROIT ADMINISTRATIF.

I. — Lorsqu'une section de commune vient à s'éteindre, c'est la commune qui lui succède.

PROCÉDURE CIVILE.

I. — Les actions possessoires s'appliquent aux universalités de meubles.

DROIT COUTUMIER ET HISTOIRE DU DROIT.

I. — Le fief et la censive sont nés des rapports de clientèle qui provoquèrent des concessions de terres. Il y avait une clientèle romaine qui donna naissance à la censive ; il y avait une clientèle germanique qui donna naissance au fief.

DROIT DES GENS ET DROIT CONSTITUTIONNEL.

I. — La neutralité absolue n'entraîne pas les mêmes conséquences que la neutralité conventionnelle.

II. — La conclusion des traités étant un attribut de la souveraineté, le Président de la République ne peut que négocier et ratifier. La sanction législative, qui appartient à l'Assemblée nationale, implique nécessairement que son approbation précédera la ratification, mais l'intérêt des relations diplomatiques exige qu'elle rejette purement et simplement, ou adopte sans modifications le projet présenté par le gouvernement,

Vu par le Président de la thèse,
E. COLMET DE SANTERRE.

Vu par le Doyen de la Faculté,
G. COLMET-D'AAGE.

Vu et permis d'imprimer :
Le Vice-Recteur de l'Académie de Paris,
Pour le Vice-Recteur,
L'Inspecteur d'Académie,
Cн. DREYSS.

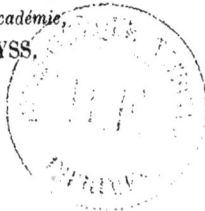

BEAUVAIS. — IMPRIMERIE E. LAFFINEUR.

www.ingramcontent.com/pod-product-compliance
Lightning Source LLC
Chambersburg PA
CBHW060541210326
41519CB00014B/3306